EN TÊTE À TÊTE

Le parrainage AA en action

T0163770

EN TÊTE À TÊTE

Le parrainage AA en action

AAGRAPEVINE,Inc.

New York, New York

WWW.AAGRAPEVINE.ORG

Titre américain
One on One

Deuxième tirage 2015

LE PRÉAMBULE DES AA

Les Alcooliques anonymes^{md} sont une association d'hommes
et de femmes qui partagent entre eux leur expérience,
leur force et leur espoir dans le but de résoudre leur
problème commun et d'aider d'autres alcooliques à se rétablir.

Le désir d'arrêter de boire est la seule condition
pour devenir membre des AA. Les AA ne demandent
ni cotisation ni droit d'entrée ; nous nous finançons par
nos propres contributions. Les AA ne sont associés à
aucune secte, confession religieuse ou politique,
à aucun organisme ou établissement ;
ils ne désirent s'engager dans aucune controverse ;
ils n'endossent et ne contestent aucune cause.

Notre but premier est de demeurer abstinents
et d'aider d'autres alcooliques à le devenir.

©AA Grapevine, Inc.

TABLE DES MATIÈRES

CHAPITRE UN

JE N'AURAIS AUCUNE CHANCE DE RÉUSSIR SEUL

Des membres des AA donnent leur définition du parrainage

CHAPITRE DEUX

LA DISCIPLINE M'A SAUVÉ LA VIE

Comment le fait de suivre les conseils d'un parrain a mené au rétablissement et à la croissance

CHAPITRE TROIS

IL N'Y A PAS DE CHEFS

Trouver ses propres façons de parrainer et d'être parrainé

CHAPITRE QUATRE

IL SUFFIT DE DEMANDER

Surmonter la peur initiale de chercher un parrain, ou de devenir un parrain

CHAPITRE CINQ

PRÊTS À TOUT

Accepter de parrainer un nouveau dérangé ou souffrant d'un handicap mental

CHAPITRE SIX

AUCUNE GARANTIE

La douleur de perdre un parrain ou un filleul aimé

CHAPITRE SEPT

UN SANCTUAIRE

Le rétablissement, avec l'aide de parrains, à l'intérieur comme à l'extérieur de la prison

CHAPITRE HUIT
RIEN EN COMMUN ?
*Vieux et jeunes, homosexuels et hétérosexuels - ces jumelages peu
probables créent des liens entre parrains et filleuls*

CHAPITRE NEUF
ENTREPRENDRE CHAQUE JOURNÉE PAR UN MIRACLE
*Ces alcooliques désespérés n'ont jamais cru que les AA allaient réussir
pour eux. Mais, en travaillant avec leurs parrains, ils ont percé et
commencé à se rétablir*

CHAPITRE DIX
UN CÂLIN DE GROUPE
Quand le parrainage devient un effort de groupe

BIENVENUE

C'est sur la table de cuisine de Bill W. qu'Ebby T. et lui ont créé la première relation parrain/filleul. « Il était venu me faire bénéficier de son expérience – si je le désirais », a écrit Bill dans son témoignage, au premier chapitre du Gros Livre. « Bien sûr qu'elle m'intéressait ! Je ne pouvais faire autrement, car je n'avais plus d'espoir. »

Ebby T., un ancien camarade d'école et un compagnon occasionnel de beuverie, était devenu abstinent grâce au Groupe Oxford et on lui avait dit de transmettre le message d'espoir à d'autres. En vérité, le message d'Ebby à Bill n'était pas simplement de la sympathie pour un homme qui souffrait. Il a dit à Bill que s'il voulait aller mieux, il devait changer. Ebby a entrepris de travailler avec lui pour réparer ses torts et se débarrasser de ses défauts. « Je lui avais fait part de tous mes problèmes et de tous mes défauts », poursuit Bill, en décrivant dans le Gros Livre le travail qu'il avait amorcé avec Ebby : « Nous avons dressé la liste des personnes à qui j'avais causé du tort ou envers qui je nourrissais du ressentiment. Je me suis montré entièrement disposé à rencontrer ces personnes et à admettre mes torts ... Mon ami avait insisté sur l'absolue nécessité de mettre les principes qu'il m'avait enseignés en pratique dans tous les domaines de ma vie. Il était particulièrement important que je m'occupe des autres de la même façon que mon ami l'avait fait pour moi. » Ce message a conduit Bill à trouver Dr Bob, et ils sont devenus parrain/filleul. Alors que le programme des AA croissait et que ses fondateurs commençaient à travailler auprès des autres, la flamme du parrainage a été transmise – et elle brûle toujours aujourd'hui.

« Chez les AA, le parrain et son filleul se rencontrent d'égal à égal, comme Bill et le Dr Bob », est-il écrit dans la brochure *Questions et réponses sur le parrainage*. « Voici en gros en quoi consiste le parrainage : un alcoolique qui a progressé sur le chemin du rétablissement partage son expérience, d'une manière continue et individuelle, avec un autre qui fait appel aux AA pour devenir abstinent ou le demeurer. »

Dans ce livre, des membres écrivent sur les joies et les défis du parrainage, sur les diverses façons dont nous le faisons et pourquoi nous le considérons essentiel pour demeurer abstinent et aussi pour connaître une vie heureuse. « Les alcooliques en rétablissement chez les AA veulent partager ce qu'ils ont appris avec d'autres alcooliques », est-il aussi écrit dans *Questions et réponses sur le parrainage*. « L'expérience nous enseigne que partager sa sobriété, c'est contribuer dans une large mesure à assurer la nôtre ! » Il n'y a pas de bonne ou de mauvaise façon de parrainer, seulement des suggestions – chaque parrain et chaque filleul trouvent leur propre chemin.

CHAPITRE UN

JE N'AURAIS AUCUNE CHANCE DE RÉUSSIR SEUL
Des membres des AA donnent leur définition du parrainage

L e parrainage est un pont menant à la confiance envers la race humaine, cette même race dont nous nous sommes exclus un jour. En apprenant à faire confiance, nous renforçons notre abstinence », a écrit l'auteur d'« Un moyen de débuter ». « La seule fonction d'un parrain (et son seul champ d'expertise) est d'aider des frères alcooliques à ne pas prendre ce premier verre en transmettant ce programme à d'autres, comme il lui a été transmis, à lui ou à elle, afin de demeurer abstinent », ajoute l'auteur de « Se magasiner un parrain ». « Sa seule qualification est sa propre expérience pour apprendre à rester abstinent et à le demeurer ». Dans les histoires qui suivent, des AA parlent de la façon dont ils voient et vivent le parrainage.

Avez-vous un parrain ?

Janvier 1975

Que peut-on faire pour un alcoolique nouveau chez les AA, qui a subi une série d'expériences traumatisantes, qui veut désespérément reconstruire sa vie, mais est incapable de le faire lui-même ? Comment peut-on lui insufler de l'espoir, remplacer son désespoir ? Comment un alcoolique en rétablissement peut-il trouver le calme et cette chose qu'il n'a jamais eue avant – la patience ? Comment peut-on convaincre une personne qui a échoué à répétition toute sa vie que les choses s'amélioreront, surtout quand elle n'est même pas en contrôle de sa propre vie ?

Comme tout le reste chez les AA, la réponse est simple. Le secret du succès pour l'alcoolique, pour restaurer sa vie qui a été détruite émotionnellement, repose dans le parrainage chez les AA. Le parrainage, par sa nature même, exige une honnêteté totale et des communications sincères entre le parrain et le nouveau.

Je vous parle de mes propres observations, mais surtout de ma propre expérience. Je crois que la volonté de Dieu se manifeste à travers mon parrain. Je remercie Dieu du fait que mon parrain soit intervenu dans ma vie quand j'ai commencé à m'écarter du chemin, surtout quand je faisais quelque chose qui aurait pu nuire au mode de vie de quelqu'un d'autre. Dans bon nombre de ces interventions, je me suis opposé avec véhémence, pour finalement accepter le fait que j'étais malade.

Je n'aurais aucune chance de réussir seul. Dans le passé, j'ai fait tout ce que les AA me recommandaient, sauf avoir un parrain et pendant longtemps, je suis demeuré frustré et dérouté, me demandant ce qui n'avait pas fonctionné.

Quand j'ai bu, j'avais un problème d'alcool que je ne pouvais pas régler. Quand j'ai cessé de boire, j'avais un problème de difficulté de vivre auquel je ne pouvais pas faire face – je n'avais aucune idée où même commencer, mais j'y arrive maintenant, et ces étapes me semblent beaucoup plus sécuritaires avec l'aide de mon parrain.

L. W.
Syracuse, New York

Un moyen de débuter (Extrait)
Février 1984

J'ai choisi un parrain qui avait un certain nombre d'années d'abstinence, soit sept ans, et il ne faisait pas que parler, il agissait. Il m'a dit : « Viens, suis-moi. Je vais te montrer comment... » J'ai appris que les parrains sont des personnes qui ont l'esprit ouvert, qui suggèrent des choses à leurs « filleuls » ou à leurs « protégés ». Ils enseignent par l'exemple. Ils ne sont pas un moyen d'arriver à une fin, mais un moyen de débuter. Ils nous enseignent comment participer à notre propre rétablissement en participant à la vie. Ils sont un pont vers d'autres membres. Les parrains nous montrent une image de l'ensemble des AA, au-delà des réunions. Ils nous enseignent les Trois Legs. Certainement, le premier est le Rétablissement – les Douze Étapes ; mais nous devons aussi faire en sorte que cette chose se tienne – l'Unité, les Douze Traditions, et nous devons transmettre le message – le Troisième Legs, le Service, guidé par les Douze Concepts.

Dans la brochure des AA « Questions et réponses sur le parrainage », il est dit : « L'expérience démontre clairement que les membres qui profitent le plus de notre programme et les groupes qui transmettent le mieux notre message aux alcooliques qui souffrent encore sont ceux qui considèrent le parrainage comme une activité trop importante pour être laissée au hasard. »

Le parrainage est un pont menant à la confiance envers la race humaine, cette même race dont nous nous sommes exclus un jour. En apprenant à faire confiance, nous renforçons notre abstinence. Les avantages profitent des deux côtés. La meilleure explication se trouve dans le Gros Livre : « L'expérience démontre que rien n'immunise mieux contre l'alcool que de travailler intensivement auprès d'autres alcooliques ». Ou encore, pour citer un ami et un membre des AA de longue date : « Il n'est pas fou l'homme qui donne quelque chose qu'il ne peut pas garder afin d'obtenir quelque chose qu'il ne peut pas perdre ».

M. S.
Grand Island, Nebraska

Se magasiner un parrain
Mai 2003

Il m'a fallu beaucoup d'années (et bien des rechutes) avant de comprendre la valeur du parrainage. J'ai dû apprendre à mes dépens que le mot « je » n'existe pas dans les Douze Étapes des Alcooliques anonymes. J'ai été ma propre marraine pendant de nombreuses années, et j'ai obtenu les résultats que l'on peut imaginer : rechutes à répétition, bien des frustrations et un profond sentiment d'échec. Je n'ai pas trouvé le bonheur, ni un sens à ma vie, ni la joie que je ressentais chez les autres membres des Alcooliques jusqu'à ce que je capitule, et nous (ma marraine et moi) avons commencé à entreprendre ce voyage ensemble.

Les nouveaux demandent souvent comment choisir un parrain. En rétrospective, je constate que j'ai probablement passé plus de temps à me choisir une robe ou un CD qu'à choisir la personne qui m'aiderait à accomplir la tâche la plus importante de ma vie – vivre sans alcool, un jour à la fois.

Aujourd'hui, j'ai le bonheur d'avoir deux marraines merveilleuses, toutes les deux solides chez les AA, et chacune est un cadeau de Dieu, qui s'est manifesté quand j'ai été prête à recevoir l'enseignement. Par leur exemple, voici ce que j'ai appris sur ce que sont les parrains et sur ce qu'ils ne sont pas :

Les parrains ne sont pas des conseillers en orientation, ni des conseillers matrimoniaux, ni des avocats, ni des médecins. (J'ai été témoin de résultats tragiques alors que des parrains bien intentionnés ont conseillé à leurs filleuls de cesser de prendre des médicaments sans le consentement de leur médecin attitré.)

Les parrains ne sont pas des banquiers, des sociétés d'hypothèque ni autres sociétés financières.

Les parrains ne sont pas des gardiens d'enfants, des amis proches ni des prédicateurs.

Les parrains ne sont pas des dictateurs ni des sergents instructeurs.

Les parrains ne sont pas Dieu.

Alors, vous demandez-vous, que font les parrains ?

Quand j'ai posé cette question à ma marraine, elle m'a suggéré de lire le septième chapitre du Gros Livre, « Au secours des autres ». La seule fonction d'un parrain (et son seul champ d'expertise) est d'aider ses frères alcooliques à ne pas prendre ce premier verre en transmettant ce programme à d'autres, comme il lui a été transmis, à lui ou à elle, afin de demeurer abstinent. Sa seule qualification est sa propre expérience pour apprendre à rester abstinent et à le demeurer, et le cadeau que donne le parrain ou la marraine, c'est l'espoir, si un autre alcoolique voulait l'entendre, que lui ou elle pourraient faire la même chose.

Ayant ceci à l'esprit, voici d'autres questions que j'ai appris à considérer dans le choix d'un parrain :

Fait-il ce qu'il dit ? (J'apprends mieux par l'exemple que par les leçons)

Est-ce qu'il est actif dans les services ?

Parlent-ils de leur propre expérience ?

Est-ce qu'il fait référence au Gros Livre, aux « Douze et Douze » et à d'autres publications des AA dans leurs propos ?

Surtout, est-ce qu'elle ou lui vit une abstinence heureuse ? J'ai passé des années dans la noirceur lugubre de l'alcoolisme. Je ne savais pas ce qu'était le vrai bonheur quand j'ai franchi les portes des AA. J'avais besoin de quelqu'un pour m'enseigner, par l'exemple, comment vivre dans la paix, dans la joie et dans le service par les

Étapes et la camaraderie de ce programme. Je crois que le bonheur et la joie sont le résultat d'avoir fait les Étapes et de faire la bonne chose par la suite. Je ne peux pas faire cela, ni faire seule quelque partie du programme et aujourd'hui, grâce à Dieu, tel que je Le conçois, au programme des Alcooliques anonymes et à mes marraines, je n'aurai jamais pu à vivre cela.

RITA H.
Greensboro, Caroline du Nord

Le parrain silencieux (Extrait)
Décembre 1964

J'ai entendu certains membres des AA dire qu'ils pouvaient suivre le programme sans éprouver le besoin d'avoir un parrain. D'autres prétendent qu'ils n'ont jamais joué le rôle de parrain, bien qu'ils admettent être actifs d'autres façons. Voilà des déclarations honnêtes qui représentent un grand nombre de membres des AA, peut-être la majorité, qui a pu trouver l'abstinence sans avoir choisi un parrain en toute connaissance, ou sans avoir été choisi, ou les deux. Par contre, je crois que le parrainage peut aussi être un phénomène implicite – un résultat naturel du besoin du nouveau d'être guidé et un sens des responsabilités du plus vieux membre envers le nouveau.

Un nouveau aura presque toujours sur son chemin au moins un plus vieux membre qu'il aime, en qui il a confiance ou qu'il respecte. Il l'écoutera, discutera de problèmes avec lui et tentera même de l'imiter. Alors, le parrainage a lieu sans que le mot parrain soit jamais mentionné. Dans de nombreux cas, le nouveau ignore peut-être la signification du mot, si, en fait, il ne l'a jamais entendu, jusqu'à ce qu'il atteigne une étape dans son rétablissement où il n'a vraiment plus besoin d'un parrain au sens théorique du terme.

Je crois que nous ne devrions jamais insister sur le parrainage formel. Si un nouveau apprend à trop se fier à un membre, il pourrait développer une façon de penser trop partiale, ou il pourrait devenir trop dépendant de son parrain. Selon moi, les bons conseils chez les AA devraient venir d'un groupe plutôt que d'un individu ; le nouveau se joue un mauvais tour s'il permet à un membre de le dominer dans sa façon de penser. Un nouveau devrait apprendre à se tenir debout et finalement prendre sa place dans le groupe, indépendamment de toute influence extérieure, à l'exception de sa Puissance supérieure.

J. S. C.
New Hartford, New York

Le programme d'un parrain canadien (Extrait)
Février 1953

Je crois que la responsabilité la plus importante du parrain envers le nouveau membre, c'est de donner l'exemple.

Il n'est pas utile de courir comme une poule pas de tête tout en prêchant « d'Agir aisément ».

Il n'est pas utile de permettre à l'intolérance de suinter dans presque tous les mots alors que l'on parle d'un esprit ouvert.

Il n'est pas utile de se vanter de ses grands projets pour l'avenir tout en essayant de démontrer les vertus du programme de vingt-quatre heures.

Il n'est pas utile que le parrain décrive les beautés d'une abstinence heureuse au nouveau alors que lui-même, le parrain, est en « cuite sèche ».

L'exemple est la force la plus puissante de l'homme pour le bien ou pour le mal. Selon moi, les dettes les plus difficiles à rembourser sont celles que j'ai causées par le mauvais exemple et donc, je crois que ma plus grande responsabilité envers ceux que Dieu m'a donné la grâce de parrainer, et envers l'ensemble des AA, c'est le bon exemple que je peux donner en mettant en pratique les Douze Étapes dans tous les domaines de ma vie.

G. K.
Kirkland Lake, Ontario

Un parrain, c'est... (Extrait)

Août 1985

L a question que j'aime entendre d'un nouveau est celle-ci : « Qu'est-ce qu'un parrain ? » Cela démontre qu'il a écouté, et je suis heureux de répondre. Dans mon for intérieur, j'espère qu'il croit connaître déjà la réponse et qu'il aborde le sujet pour savoir si je veux devenir son parrain. Mon propre parrain connaît un bon moyen de le dire. Voici sa définition : « Une personne dont vous avez appris à respecter l'opinion ; quelqu'un dont vous savez que vous allez suivre les conseils avant même de parler du problème ».

C'est quelqu'un qui faisait de la douzième étape plutôt qu'une personne qui agissait comme parrain qui m'a d'abord présenté les AA, dans une unité psychiatrique. Je ne me considérais pas comme « un de ces alcooliques ». Même si j'en étais un, j'étais certainement beaucoup trop intelligent pour avoir besoin d'un parrain. De plus, je n'avais pas l'intention de continuer de faire partie des AA ; je faisais seulement acte de présence pour satisfaire mon psychiatre. J'avais découvert que le bonheur dans une aile psychiatrique consiste à avoir un psychiatre satisfait.

Je n'ai demandé à personne d'être mon parrain jusqu'à ce que le groupe des hommes m'assaille et dise que je me croyais trop intellectuel pour avoir un parrain. Depuis ce temps, j'ai connu des expériences absolument fabuleuses, tant en ayant un parrain qu'en parrainant d'autres personnes. Je ne sais pas ce qui est le plus gratifiant, et je n'ai pas non plus l'intention de m'arrêter.

Qui devrait avoir un parrain ? Notre groupe croit que tout le monde le devrait. Comme nous sommes tous égaux, comment pourrait-il en être autrement ? Il est certain que des néophytes dans le programme ont besoin d'un contact plus fréquent avec leurs parrains que ceux qui ont de nombreuses années d'abstinence heureuse, mais nous avons tous besoin d'un confident.

Comme le Gros Livre ne contient pas de chapitre sur les us et coutumes du parrainage, nous en apprenons les rouages au fur et à mesure. Les points les plus importants sur le parrainage sont : en avoir un, y avoir recours, et quand on nous le demande, accepter de parrainer.

Il n'y a pas de « bonne » réponse à la question : « Qu'est-ce qu'un parrain ? » Par contre, une réponse tout à fait appropriée à la question : « Veux-tu être mon parrain ? », c'est « Bien sûr ! Allons prendre un café et discutons-en ».

P. O.
Claremont, Californie

Le parrainage (Extrait)
Février 1955

Nous connaissons tous des personnes qui mesurent leur succès chez les AA par le nombre d'individus qu'ils ont parrainés qui « suivent » le programme. Certains considèrent que c'est un échec de leur part quand quelqu'un avec qui ils ont pris contact ou qu'ils ont parrainé ne réussit pas à rester abstinent. En ce qui a trait à mon propre succès ou mon échec dans ce programme, il importe peu que mon « protégé » réussisse ou non dans le programme. Bien sûr, je suis heureux qu'il réussisse pour son propre bien, mais l'important à mes yeux, c'est que j'ai essayé. J'ai essayé de « transmettre le message » et j'ai essayé de donner ce qui m'a été donné.

Il est très possible que je ne sois pas la personne qui convient le mieux à un certain nouveau. Je peux ne pas faire l'affaire en raison de ma personnalité, de mon éducation (ou de mon manque d'éducation) ou de ma profession. Pour les mêmes raisons, je pourrais être exactement la bonne personne pour parrainer quelqu'un d'autre. Je crois que plus nous avons de choses en commun avec un membre potentiel, plus nous pouvons aider comme parrain.

En raison de la nature même d'un alcoolique, l'approche pour convaincre une personne que les AA sont la solution à son problème ne conviendra pas nécessairement à un autre candidat. De nombreux membres ont recours à la même approche pour tous les nouveaux candidats avec qui ils prennent contact, alors qu'en fait, nous devrions ajuster nos méthodes pour accommoder la personnalité de l'individu avec qui nous travaillons.

R. L. O.
Lawton, Oklahoma

Réunion fermée
Juillet 1961

Si vous voyagez à l'étranger, dit un de nos vieux membres, vous devez avoir une carte géographique et un guide. Pour nous, dans la nouvelle terre du « vivre sans alcool », le programme est notre carte géographique et un parrain est notre guide. Notre parrain peut nous aider à comprendre et à faire le programme, et il est la personne désignée pour faire la Cinquième Étape quand nous sommes prêts.

ANONYME
New York, New York

Ma marraine, mon amie
Août 1982

Quand je suis arrivée chez les AA, on m'a dit de choisir une marraine. Le mot lui-même m'a embarrassée, mais j'ai cherché. Un soir, dans une réunion, j'ai entendu le témoignage d'une fille. Elle semblait si gentille et son histoire ressemblait tellement à la mienne qu'immédiatement, je lui ai demandé d'être ma marraine.

Le temps a passé, nous sommes devenues de très bonnes amies, mais je n'avais pas l'impression qu'elle m'aidait. Je l'aimais beaucoup comme amie, mais elle semblait toujours vouloir avoir le contrôle sur moi et sur ma vie, alors que tout ce que je voulais, c'était des conseils. Chaque fois que nous étions ensemble et qu'elle me demandait à quelle Étape j'étais rendue, ou si elle abordait un sujet qui se rapportait aux AA, je changeais de sujet. Vous pourriez dire que je fuyais. Cela a duré de nombreux mois, et je me disais toujours, il faut que je trouve une autre marraine.

Un soir, j'allais lui dire que je devais la laisser tomber. Connaissez-vous le résultat de notre conversation ? Nous nous sommes rapprochées plus que jamais, comme marraine et filleule. Ce n'était pas tant à cause d'elle que de moi.

J'avais érigé un mur entre nous que je ne pouvais pas franchir. J'ai compris que nous avions semblé nous éloigner l'une de l'autre parce que je ne la laissais pas me connaître. Comment puis-je obtenir de l'aide de quelque marraine si je ne la laisse pas voir qui je suis et où j'en suis ? J'avais peur qu'elle me juge si elle savait qui j'étais, et je ne voulais pas cela – je voulais que tous croient que j'allais bien. Je voulais être là où était tout le monde dans le programme, plutôt que là où j'étais. Ce même soir, je me suis confiée et je lui ai dit que je n'étais pas où je prétendais être.

Je suis malade, mais je me rétablis lentement. J'ai maintenant l'impression que je peux parler à ma marraine, pas avec des paroles, mais avec mon cœur. Cela ne tue pas de dire aux gens que vous n'êtes pas aussi bien que vous le voudriez, mais je veux aller mieux. Fuir d'où je suis ne m'aidera pas à aller mieux. Ainsi, je travaille aujourd'hui avec l'aide de ma marraine.

S. D.
Chicago, Illinois

Plus de questions que de réponses
Mars 1989

H ier soir, dans une de mes réunions préférées, une amie m'a prise à part pour me demander de l'aide avec une nouvelle qu'elle marrainait. Elle avait besoin de parler, et j'avais besoin de m'entendre dire : « Qu'est-ce que toi, ou moi, ou quiconque, savons du marrainage, de toute façon ? » même si j'ai passé des heures, des jours, des mois et des années à travailler avec des nouvelles dans le Mouvement.

Le parrainage et le service sont sans aucun doute la base de mon abstinence et de mon bonheur. Par le service, je suis totalement consciente que plus j'apprends, plus il y en a à apprendre. Par contre, jusqu'il y a quelques mois, je croyais que j'avais un tas de bonnes idées – certainement beaucoup d'opinions – sur le marrainage. Après tout, je passe quelques heures chaque jour à jouer le rôle de marraine aiprès de plusieurs femmes, et comme un certain succès a couronné ces efforts, je croyais savoir des choses. Dans mes meilleurs moments, je considérais le fait de travailler avec des nouvelles comme simplement le travail que je faisais pour Dieu, tel que je le concevais, sur une base quotidienne. Puisque je n'ai jamais encore demandé « Est-ce que je peux être ta marraine ? », j'ai présumé que les personnes qui ont été mises sur mon chemin étaient celles avec qui Dieu voulait que je travaille, que j'aide du mieux que je peux, avec l'incroyable soutien du Mouvement. Comme je lui confiais mes protégées chaque jour, j'essayais simplement de servir de toutes les façons possibles, soit au téléphone, dans une réunion, pour la collation ou le café. La chose la plus importante que j'ai faite comme marraine fut d'être présente, de lâcher prise et de m'en remettre à Dieu.

J'avais le sentiment que certaines relations étaient plus fluides – meilleures, plus faciles, plus gratifiantes. En conséquence, j'ai pensé que ces plus belles relations étaient celles dans lesquelles j'avais accompli le travail de Dieu avec le plus de succès. Si jamais je devais laisser aller quelques filleules, je garderais ces relations faciles, car les autres me rendaient folle à certains moments.

C'était il y a quelques mois. Puis, comme il est dit dans le « Douze et Douze », la vie a le don de nous envoyer quelques coups durs. En revenant de mon voyage de noces, j'ai reçu un appel disant que l'une de mes filleules préférées s'était suicidée. Je ne peux même pas écrire ces mots sans pleurer ; à plusieurs reprises, la douleur et la perte sont encore plus grandes que l'acceptation. Je me suis demandé à maintes reprises : « Pourquoi ? Pourquoi ne lui ai-je pas donné mon numéro de téléphone à l'extérieur de la ville ? Pourquoi n'ai-je pas eu une conversation de plus avec elle ? » Ma dernière vision d'elle, c'est au mariage. Elle était heureuse, riante et souriante. Je n'ai éprouvé que de la joie à la marrainer ; il n'y a jamais eu de mots durs entre nous. Elle terminait chacune de nos conversations en me disant qu'elle m'aimait ; je n'en ai jamais douté. Elle était l'une des personnes les plus faciles à aimer inconditionnellement que je n'ai jamais connues.

On ne s'accorde pas de mérite pour ses succès ni pour ses échecs, nous dit un vieil adage. Je le crois, et malgré tout, j'ai l'impression que je l'ai laissé tomber, que j'ai laissé tomber le Mouvement, et que j'ai laissé tomber Dieu, tel que je le conçois. Mais ma propre sagesse a sûrement ses limites ?

Hier, j'ai parlé au téléphone à une autre de mes filleules. La veille, je lui avais remis une médaille de trois ans. Elle a dit simplement :

« Tu sais, je crois que nous avons eu la relation parfaite comme marraine et filleule ». À mon avis, cette phrase était choquante. Nous avions eu de fréquents arguments, elle s'est rebellée contre toutes les suggestions du programme, a refusé d'aller aux réunions et selon moi, elle a vécu des cuites sèches pendant des mois. Il était certainement vrai qu'au cours des derniers mois, elle avait commencé à faire les Étapes et à prendre quelques responsabilités pour ses actes et pour son abstinence. *C'était* peut-être la relation idéale, car elle et moi sommes encore abstinentes, et parce que je n'ai pas abandonné, comme j'ai souvent voulu le faire, et parce que Dieu me soutenait, je ne l'ai pas fait. Tout ce que je pouvais faire, me semblait-il, était de tenir le coup un jour à la fois.

Je suis rendue à l'une de ces périodes où il y a plus de questions que de réponses. Je crois encore, lorsque je vois mes filleules qui prennent des activités, qui vont aux réunions, qui travaillent avec un groupe, qui tendent la main aux autres dans le Mouvement, qui assistent aux réunions d'Étapes et qui commencent à trouver leurs bases dans le programme, que je fais plus ou moins ce que je suis censée faire comme marraine. Je sais aussi qu'il y a des moments où lorsqu'une filleule téléphone pour me dire qu'elle est marraine pour la première fois – quand elle devient mon émule dans le Mouvement et fait le travail des AA – cela me rend heureuse. Quand une filleule se tient devant l'estrade et parle du bonheur qu'elle a d'avoir réussi une première année d'abstinence pour pouvoir servir dans le Mouvement, je sens que je suis sur la bonne voie. Voilà les choses auxquelles je tiens. Que veut Dieu ?

Il ne fait aucun doute que j'ai compliqué le marrainage. Peu importe ce qui est arrivé à mes filleules, le fait de travailler avec elles m'a maintenue abstinente et de cela, je suis profondément reconnaissante. Je sais que tant que Dieu mettra des gens sur ma route, je continuerai d'agir comme marraine. Que ce soit pour un jour ou pour des années, c'est là la volonté de Dieu et non la mienne. Comme tous les cadeaux que j'ai eus dans cette vie, ces filleules sont simplement un prêt de Dieu et il peut me les enlever ou les rappeler à lui quand il voudra.

A. S.
Dorchester, Massachusetts

CHAPITRE DEUX

LA DISCIPLINE M'A SAUVÉ LA VIE

Comment le fait de suivre les conseils d'un parrain a mené au rétablissement et à la croissance

Dans l'histoire intitulée « Au-delà de "Je m'excuse" », quand un parrain suggère à un membre des AA de réparer ses torts à un client qu'il avait lésé dans le passé en lui offrant ses services gratuitement, son filleul a répondu : « Ouais... Je vais devoir y penser ». Quand le filleul suit la suggestion de son parrain, il obtient des résultats positifs et sait que c'est ce qu'il devait faire. Dans l'histoire « Mon bon parrain », un débutant qui a de la difficulté rit quand son parrain lui suggère de faire du café. L'auteur écrit : « Un an ou deux plus tard, après d'autres expériences et d'autres cuites, j'ai fait le café ! Je ne le savais pas alors, mais j'étais sur la bonne voie ».

Les histoires dans ce chapitre concernent des filleuls qui suivent les conseils de leurs parrains – certains de bonne grâce, d'autres avec plus de réticence – avant d'en découvrir les résultats.

Mesures disciplinaires
Novembre 2010

L'une des choses les plus importantes que j'ai apprises de mes parrains, c'est la discipline. Sans elle, je retournerais lentement mais sûrement à mes vieilles habitudes, ou je me retrouverais soudainement pris dans ce moment critique vulnérable dont il est parfois question.

Je ne crois pas que le programme soit difficile à suivre, malgré le fait que je n'ai pas cru qu'il me conviendrait, et au début, je n'éprouvais pas d'attirance pour le travail des Étapes. Mon programme n'exige pas tant de « travail » ces jours-ci, mais il me demande d'agir avec persistance.

Dès ma première journée chez les AA, j'ai demandé à quelqu'un d'être mon un parrain, et il m'a répondu que je devais faire cinq choses chaque jour. Je les ai notées à l'intérieur de la page couverture du Gros Livre que je venais d'acheter, et j'ai poursuivi cette habitude avec les hommes que je parraine.

J'ai entendu diverses variations de ces choses depuis les années où je suis dans le Mouvement. Les voici, comme il me les a indiquées :

Ne bois pas.

Prie au moins deux fois par jour. (Le matin, demande à Dieu de t'enlever toute envie de boire, et le soir, remercie-le de t'avoir aidé à rester abstinent.)

Va à une réunion des AA.

Lis les publications des AA.

Parle à un autre alcoolique.

Jamais aucun de mes parrains (j'en ai eu trois en neuf ans) ne m'a suggéré d'abandonner ces pratiques. Je les ai continuées jusqu'à ce jour avec seulement quelques petites différences. Je récite la Prière de la Troisième Étape le matin et parfois, je ne vais qu'à cinq ou six réunions par semaine.

Est-ce que j'ai vraiment besoin de tant de réunions après toutes ces années d'abstinence? Seul Dieu peut le dire avec certitude. De toute façon, j'aime y aller la plupart du temps pour voir si je peux aider quelqu'un d'autre. Cette question m'amène à l'histoire que je voulais vous raconter.

En 1982, j'étais soldat dans la Cavalerie américaine, m'entraînant dans le désert de Yakima. Je faisais des opérations de vol pour l'armée. Mon « bureau » sur le terrain était un M588, un véhicule blindé pour le transport des troupes, et j'étais à moitié endormi une nuit vers deux ou trois heures du matin et j'étais en écoute radio. Il n'y avait rien sur les ondes et je m'ennuyais à mourir quand j'ai vu qu'il fallait faire le plein des générateurs. Je suis allé à l'arrière du véhicule et j'ai attrapé un bidon d'essence de cinq gallons, puis je me suis dirigé vers l'écoutille du commandant.

En passant devant mon poste de travail, j'ai pris mon casque sur mon bureau et je l'ai mis machinalement. J'avais été formé pour exécuter cette routine chaque fois que je sortais sur le terrain. Je me suis dirigé vers la cabine du commandant et j'ai grimpé le petit escalier qui me conduirait à l'extérieur (grimpant d'une main et tenant le bidon dans l'autre). J'ai rejoint le hublot et j'avais une prise plutôt précaire sur l'escalier, avec une main qui tenait le bidon d'essence. J'ai mis le pied sur un autre barreau de l'échelle tout en repoussant le hublot d'une main.

Les hublots sur les transports de véhicules blindés ont un diamètre d'environ 90 centimètres, ils sont fabriqués en acier solide et sont à ressorts. Quand j'ai lancé le hublot vers le haut, je ne l'ai pas fait avec suffisamment de force. Quand j'y pense, je me souviens très bien avoir entendu le hublot toucher le mécanisme, mais je n'ai pas entendu le loquet s'enclencher.

Tout d'un coup, j'étais sur le derrière en bas de l'échelle et j'avais un affreux mal de tête. Cette pièce de métal massive m'avait frappée carrément sur le dessus de la tête avec une force énorme. Sans mon

« casque d'acier », j'aurais certainement eu le crâne défoncé et je serais mort sur le coup.

Qu'est-ce qui m'a poussé à saisir ce casque dans un moment crucial qui aurait été sans le vouloir une question de vie ou de mort ? La plupart des soldats et moi-même sommes très réticents à porter ces casques d'acier. Ils pèsent environ 3,6 kilos, sont inconfortables et causent généralement de la douleur derrière la tête, alors, je ne voulais pas vraiment le porter. Nous n'étions pas en zone de combat et personne ne me tirerait dessus, alors, je ne pense pas qu'il était nécessaire que je le porte. Nous étions au milieu de la nuit et il n'y avait personne autour. Tous les sergents et les officiers dormaient et donc, personne ne m'aurait forcé à le porter.

Je l'ai mis sans y penser, simplement parce que cela avait fait partie de ma formation (ou de ma discipline). Au moins à cette occasion, cette discipline m'a sauvé la vie.

La discipline peut se définir ainsi : faire ce qui est nécessaire, sans égard à ce que vous pensez ou devez faire. La discipline a un frère qui s'appelle courage, qui pourrait se définir ainsi : appliquer la discipline devant la peur (mais ça, c'est une autre histoire).

Quel est le rapport avec l'abstinence ? Il y a des fois où je ne veux pas aller aux réunions, ou faire ces cinq choses chaque jour. Il y a des fois où je préfèrerais dormir dans mon lit chaud et confortable plutôt que de parler à quelqu'un qui a de la difficulté, ou me lever à sept heures le dimanche pour prendre le déjeuner avec des membres des AA. Il y a certainement des fois où je ne ressens pas le besoin de faire ces cinq choses.

Le hic, c'est que je ne sais pas à quelle réunion ou à quelle occasion le fait de faire ces cinq choses m'a littéralement sauvé la vie. Je n'aimerais vraiment pas omettre de faire la chose dont j'ai besoin par manque de discipline.

JOHNNY L.
Madison, Tennessee

Que portent les femmes abstinentes au lit ?
Juin 1988

J'ai passé ma première journée sans boire ni prendre de drogue en lisant frénétiquement le Gros Livre, pour essayer de savoir si j'avais la maladie de l'alcoolisme. J'avais supplié mon mari de me le dire, mais il a dit avec insistance que c'était quelque chose que je devais découvrir moi-même. Il m'a donc donné le gros livre bleu, m'a dit que je trouverais mes réponses là-dedans, et il est parti travailler.

J'ai lu toute la journée et je suis allée à ma première réunion le soir.

J'avais la bouche sèche le deuxième jour, mais je n'ai pas bu et je suis allée à une réunion.

Les démangeaisons ont commencé le troisième jour, donc, je me suis grattée et je suis allée à une réunion – j'ai trouvé une marraine.

Le quatrième jour, j'ai continué à me gratter, je suis allée à une réunion et j'ai téléphoné à ma marraine. Ce soir-là, mon mari m'a serré dans ses bras jusqu'à ce que je m'endorme.

Rendue au cinquième jour, ma bouche avait un goût de métal et j'ai pensé devenir folle. J'ai donc téléphoné à ma marraine et je suis allée à une réunion. Après, mon mari m'a encore tenue dans ses bras.

Je me suis effondré le sixième jour, j'ai pleuré sans pouvoir me contrôler pendant deux réunions et, à la suggestion de ma marraine, j'ai accepté d'aller dans un centre de traitement.

Une grande partie de cette soirée-là demeure floue, mais je me souviens avoir pris ma brosse à dents dans l'armoire de la salle de bain et l'avoir mise dans mon sac. Puis, je suis allée à la chambre et j'ai pris un T-shirt rouge, taché et informe dans un tiroir.

Ma marraine a demandé « Qu'est-ce que c'est ? »

« Qu'est-ce que tu veux dire, @Â§Â§©#Â €â€ !! » ai-je répondu en proie à la peur, à la douleur et à la colère. « C'est ma robe de nuit ».

« Les femmes qui ne boivent pas ne portent pas de telles choses pour aller au lit », a répliqué Jean. Je n'étais pas en mesure d'argumenter. Je n'ai pas apporté le T-shirt.

Quand j'ai demandé ce que je porterais pour dormir, Jean m'a dit de ne pas m'en inquiéter. Donc, je ne l'ai pas fait.

Cette nuit-là, j'ai dormi dans mes sous-vêtements et avec une jaquette d'hôpital. Je me suis réveillé le matin remplie de douleur, de peur et de colère suite à la nuit précédente. Une patiente m'a posé une question et je lui ai répondu de façon vulgaire.

« Les femmes qui ne boivent pas ne parlent pas comme ça, » a-t-elle répondu.

« *Â©â€!#â€*! » fut ma réponse. Puis, j'ai pensé à ce qu'elle venait de m'enseigner – et à ce que ma marraine m'avait dit la nuit précédente.

Les deux messages se rapportaient au comportement de femmes abstinentes – ou au mauvais comportement, dans mon cas. C'est ainsi que j'ai commencé à apprendre comment devait agir, parler, penser et se vêtir une femme abstinente. Heureusement, je n'ai pas eu à le trouver par moi-même, car des centaines de femmes abstinentes assistent aux mêmes réunions que moi dans la soirée. J'ai appris par leur exemple.

Au cours des quatorze derniers mois de mon rétablissement, j'en ai beaucoup appris sur la façon de vivre d'une femme abstinente.

À propos de ce que les femmes abstinentes portent au lit : ma marraine m'a apporté un cadeau joliment enveloppé à mon premier jour en traitement. Dedans, il y avait une jaquette et une robe de nuit en soie bleue. J'ai appris que c'est ce que les femmes abstinentes portent au lit.

Des mois plus tard, j'ai compris que j'avais appris quelque chose d'encore plus important : les efforts que fera une marraine pour

montrer à une femme comment devenir abstinente et transmettre
l'amour fraternel chez les Alcooliques anonymes.

DODIE W.
Plainsboro, New Jersey

Au-delà de « Je m'excuse »
Septembre 2009

Je sortais à peine de traitement et je faisais du service chez les
AA dans ma communauté. J'ai pris un parrain, et je lui ai parlé
du gâchis que j'ai laissé derrière moi à ma dernière soulerie. Je
suis pigiste en conception graphique et j'étais au cœur de nombreux projets pour une agence de publicité. C'était la St-Patrick
et j'avais décidé de prendre une cuite car, après tout, je suis un
Irlandais-Américain.

Ma cuite s'est prolongée après la fête et elle s'est poursuivie pendant encore quatre ou cinq jours. J'ai évité ma femme, ma fille, la
maison et le travail. Je suis allé de bar en bar jusqu'à ce que ma
carte de débit ne fonctionne plus. Par la suite, je suis rentré à la
maison et je me suis couché, très malade. J'entendais toujours la
sonnerie sur le répondeur de la part de mon client, qui me suppliait
de communiquer avec lui. Je ne l'ai pas fait. J'ai eu assez de juge-
ment pour me jeter dans un établissement de traitement avec l'aide
et le soutien de ma merveilleuse femme.

J'ai raconté à mon parrain les problèmes que j'avais causés à
mon client en évitant ses appels et les projets en attente sur lesquels
je travaillais. Il m'a suggéré de réparer mes torts envers le client. J'ai
dit : « Pardon, me rendre à son bureau et m'excuser ? Je ne sais pas
si je peux faire cela ».

Mon parrain a dit : « Non, tu feras plus que cela. Tu entreras
dans son bureau, tu t'excuseras, puis tu offriras tes services sans
frais jusqu'à ce que tu compenses pour les dommages que tu as causés. »

J'ai répondu : « Ouais... Je vais devoir y penser ».

Quelques semaines plus tard, je me suis remémoré cette demande de réparer mes torts pendant que je me rendais à la maison à 10 heures le matin. Il devenait de plus en plus évident que c'était le bon moment de me rendre à ce bureau et de faire ce que je devais. Oh là là !

J'étais terrorisé. S'il se mettait en colère ? S'il me jetait à la porte de son bureau ? Qu'arriverait-il si... Puis, j'ai pensé à quelque chose qui pourrait aider : prier. Je vis dans une communauté montagneuse et sur l'autoroute, je voyais de superbes paysages en bas des falaises. J'ai garé la voiture dans un endroit sécuritaire, je suis sorti de l'auto et je me suis agenouillé. J'ai demandé à ma Puissance supérieure de m'aider et de m'enlever la peur. Je lui ai demandé de faire sa volonté, non la mienne, et de parler par ma bouche pendant que je présentais mes excuses. J'ai terminé ma prière, je me suis levé et retourné. La vue sur la montagne était spectaculaire. Je me sentais tout à fait en paix. Je ne savais pas vraiment si j'avais eu un réveil spirituel ce matin-là, mais cela y ressemblait certainement.

Je suis remonté dans la voiture et je me suis rendu au bureau de mon client, me sentant un peu plus à l'aise. Je me suis dirigé vers la réception et la réceptionniste a dit : « Allô Rick », comme si elle m'avait vu la veille. Je me suis assis et j'ai dû attendre avant d'entrer dans le bureau du grand patron. Il est sorti et il m'a dit : « Bonjour Rick. Entre ». Je me suis assis dans son bureau, j'ai rapidement demandé à ma Puissance supérieure de rester près de moi encore une fois, j'ai pris une grande respiration et j'ai commencé.

Je lui ai dit que j'avais un problème d'alcool, que je sortais d'un centre de traitement et que j'étais en rétablissement. Je lui ai dit que j'étais pleinement conscient d'avoir laissé tomber mes responsabilités envers lui et les projets, et que j'avais mis en péril sa relation et sa réputation entre son entreprise et ses clients. Je me suis excusé. Il m'a répondu : « Je suis heureux que tu prennes soin de ta santé. Comment va ta famille ? » Je me suis dit : Wow. Il n'était pas aussi en colère que j'avais pensé. Je lui ai dit ensuite que je devais compenser pour les problèmes que j'avais créés et j'ai offert mes services gratuitement pour quelques journées de travail. Il a semblé décontenancé pendant quelques secondes, puis il a dit : « C'est bien, si c'est ce que tu penses devoir faire ». C'est exactement ce que j'ai fait.

Je n'avais aucune intention derrière la tête en réparant mes torts, et je n'avais jamais cru pouvoir travailler à nouveau pour cette agence. Pourtant, je dois terminer cette histoire, car il faut que je retourne travailler sur un assez gros projet pour ce même client.

RICK M.
Californie

Pourquoi cela fonctionne
Octobre 2010

Je dois admettre que lorsque j'ai lu pour la première fois les Douze Traditions affichées sur le mur, je me suis dit que c'était un protocole d'entreprise stupide et ennuyant. J'étais tellement intelligente que je savais qu'elles ne pourraient rien m'apporter et, munie de cette information, je les ai ignorées pendant aussi longtemps que j'ai pu. C'était jusqu'au jour où ma marraine, une femme sage, m'a suggéré de passer les Traditions en revue avec elle, tout comme nous l'avions fait pour les Étapes. Cela me semblait une idée saugrenue à ce moment-là, mais c'était ma marraine et je ne savais pas qu'on pouvait dire non à sa marraine. (Je ne le recommande toujours pas.)

L'une après l'autre, nous les avons lues ensemble, étudiant page après page, cherchant les principes spirituels et les applications pratiques.

Bien qu'à l'époque, je n'aie pas compris leur utilité dans ma vie, ou quelle sagesse était contenue dans les mots sur la page, je sais aujourd'hui qu'elles sont la raison « pourquoi cela fonctionne » et elles sont aussi, quand je les mets en pratique dans ma propre vie, le ciment qui assure l'unité dans mes relations avec les autres, dans les réunions des AA comme à l'extérieur.

Ma marraine m'a enseigné à prendre chaque Tradition et à chercher comment les appliquer personnellement. Quand je me sentais bloquée et que je ne pouvais pas voir la signification spirituelle ou l'application, elle m'incitait à creuser plus profondément. Elle a partagé sa propre expérience sur ce que les Traditions lui avaient apporté dans sa propre vie. Quand j'avais des difficultés financières et des dettes, et quand mon mari voulait faire un budget, elle m'a parlé de la liberté que je connaitrais en étant autonome par mes propres contributions.

Quand je voulais me plaindre encore une fois de mon mari ou de ma belle-mère, elle m'a dit que le fait de ne pas émettre d'opinion sur des sujets étrangers pourrait m'éviter de faire du ressentiment.

Elle a dit que le bien-être commun de ma famille devrait venir en premier lieu. Elle a dit que je devrais rester sur mon propre côté de la rue et voir à mes propres affaires, et par cette autonomie, je trouverais la paix d'esprit. Elle a dit que tout le monde, y compris moi, avait le droit de se tromper.

Elle m'a aussi enseigné que le fait de me taire et de ne pas jouer à la personne importante était une très belle façon de pratiquer l'anonymat, car c'est seulement en demeurant moi-même avec humilité que je peux mettre en pratique les principes spirituels que j'ai appris avant de laisser ma personnalité prendre le devant de la scène.

HEATHER L.
Oceanside, Californie

Mon bon parrain
Juillet 1973

l y a environ treize ans de cela, mais je me rappelle bien tous les détails, comme si c'était arrivé il y a quelques heures. J'étais à la gare, je regardais de l'autre côté de la rue, en attendant que le propriétaire du magasin d'alcool ouvre la boutique. Je tremblais et j'étais tellement étourdi que chaque pas nécessitait un effort musculaire – et je n'avais pas pris d'alcool. Par contre, j'avais pris ce premier verre après une abstinence de six mois et maintenant, la chose la plus importante dans ma vie était de me procurer une bouteille.

Même à partir d'une divagation d'ivrogne aussi courte que celle que je viens d'écrire, vous devriez savoir que je ne croyais pas à la théorie de la « progression » et du « premier verre ». J'ai joué avec les AA pendant environ quatre ans avant de capituler et d'accepter les AA et ma propre responsabilité envers moi-même. Oui, j'ai compris que je devais devenir abstinent et le demeurer, et que je devais aller chez les AA – mais je voulais que les membres des AA se présentent avec « leur » abstinence et me l'offrent sur un plateau de façon indolore et sans effort.

J'avais admis et accepté mon alcoolisme, mais je ne pouvais pas faire un pas de plus vers cette partie importante pour devenir abstinent – faire quelque chose pour y remédier !

J'ai rencontré de nombreux alcooliques dans les dernières années qui parlent d'alcoolisme. Trop peu s'occupent de leur sobriété. Quand nous avons terminé nos discussions sur la maladie de l'alcoolisme et ses malheureuses victimes, nous devons prendre l'approche de « l'amour discipliné ». Peu de victimes de cette maladie peuvent espérer l'abstinence sans avoir à opérer un changement majeur dans la plupart des aspects de leur vie. Les liens renoués avec la famille, la fiabilité au travail, et l'intégration sociale sont nos objectifs en début d'abstinence. Ils ne sont pas faciles à atteindre, et c'est alors que le Mouvement peut apporter son soutien et son encouragement. Chaque alcoolique en rétablissement, durant ses premiers pas vers l'abstinence, a, à un moment ou à un autre, trouvé qu'il ou qu'elle était unique. Personne ne l'est. Chacun d'entre nous a voyagé sur les mêmes terrains accidentés. Vous n'êtes pas seuls et si vous pouvez vous décider à commencer, tout en ne restant pas sur le siège du conducteur en même temps, vous pouvez réussir.

Moi, par exemple, je crois fermement au bien-fondé d'un bon parrain. Par contre, comment définir un bon parrain ? À mon avis, la valeur d'un parrain ne se mesure pas sur une quelconque échelle d'évaluation. Mon bon parrain était une personne qui pouvait s'identifier à moi et qui croyait qu'un jour, je réussirais. Malgré ma résistance maladive, il m'a guidé vers les activités dans le groupe. Il m'a amené sur des appels de Douzième Étape, et je n'en ai rien retiré. Il m'a suggéré de faire du café pour la réunion du groupe, et j'ai ri.

Un an ou deux plus tard, après d'autres expériences et d'autres cuites, j'ai fait le café ! Je ne le savais pas alors, mais j'étais sur la bonne voie. Les gens passaient des commentaires sur mes talents ou mon manque de talent pour faire le café. Mon égo en prenait un coup et mon parrain observait.

Après environ un an d'abstinence continue, en me servant du parrain et du groupe comme soutien, on m'a demandé d'animer une réunion. C'était un bon moment. Il semblait qu'ils disaient : « Joe, nous sommes fiers de toi, et c'est notre vote de confiance ». Ouais, je sais – vous pouvez appeler cela de l'orgueil de ma part, et l'orgueil peut être néfaste. Ce n'était pas pour moi ! J'ai plongé dans la responsabilité de secrétaire, et ce fut un cadeau du ciel.

Mon parrain s'est alors placé sur la voie d'évitement, et je crois qu'il rayonnait en secret. En vérité, il rayonnait pour les AA, car s'ils n'existaient pas, nous pourrions tous les deux boire encore – ou ne plus être en vie.

JOE H.
Rocky Hill, Connecticut

Ma marraine s'est améliorée
Décembre 1982

Récemment, dans une réunion, le thème était l'indispensabilité des parrains et marraines. Des membres, tous plus éloquents les uns que les autres, ont partagé des expériences avec des personnes merveilleuses et extraordinaires qui savaient lire dans les pensées. J'ai eu l'impression que les parrains étaient aimés universellement ; personne ne semblait se plaindre.

J'ai peur quand on met des parrains sur un piédestal, même si je sais que les autres membres partageaient des expériences et que ces eulogies représentaient leur perception des parrains. Mon expérience a été quelque peu différente.

Quand je suis entrée dans une salle de réunions pour la première fois, j'ai rencontré une femme formidable à qui j'ai demandé (remplie de peur, tremblante et en totale ignorance) d'être ma marraine. Elle recevait beaucoup de demandes. Elle savait exactement ce qu'elle voulait de moi. Elle m'a demandé d'aller aux réunions. Elle m'a suggéré, son œil rivé au mien, de faire quatre-vingt-dix réunions en quatre-vingt-dix jours. Elle a insisté pour que je lui téléphone tous les jours. De plus, elle s'attendait à ce que je ne consomme aucun alcool. Un jour à la fois.

J'ai rapidement constaté qu'elle ne me comprenait pas – que j'avais des problèmes particuliers, que j'étais particulièrement intelligente. Elle n'avait pas non plus le sens de l'humour, et je savais qu'il fallait la remettre à sa place.

Pourtant, j'ai fait ce qu'elle m'a dit : je suis allé à au moins une réunion chaque jour, et chaque jour, je n'ai pas bu. Je lui ai téléphoné chaque jour et je lui ai parlé jusqu'à lui chauffer les oreilles.

Je ne sais pas pourquoi – mais ce programme fonctionne. Elle a pris du mieux. Elle est devenue la personne la plus patiente et la plus bienveillante que je connaisse. Elle a été capable d'interpréter les Étapes pour moi, et elle est devenue habile à deviner mes émotions – une personne très nerveuse qui avait soif. Quand je lui téléphonais, je me sentais toujours mieux, et son talent m'a aidée à vivre des journées d'abstinence heureuses. Mieux que tout, cet ange a développé un sens de l'humour.

Elle et moi sommes restées abstinentes. Même si je ne sais pas comment fonctionne ce programme, je sais qu'il réussit dans mon cas, et bien sûr, elle me le doit entièrement. Il est certain que nous aimons toujours la personne que nous avons aidée, et c'est mon cas.

A. M.
White Plains, New York

Éloge de l'abstinence (Extrait de Dear Grapevine)
Octobre 2008

J'étais abstinente depuis six ans – complètement abstinente – dans une cuite sèche sans traitement de l'alcoolisme lorsque Jenn H. est devenue ma marraine. Elle m'a rencontrée régulièrement et a lu le Gros Livre avec moi et pour moi. Elle me l'a expliqué, et j'ai finalement été prête et disposée.

Elle m'a enseigné tant de choses et m'a tellement donné de son temps qu'au moment où nous sommes arrivés au Cinquième Chapitre, où se trouve la Troisième Étape, j'étais prête. Elle m'a fortement conseillé de commencer « immédiatement » la Quatrième Étape. Elle a travaillé toutes les Étapes avec moi, le Gros Livre à la main. Par la prière et ses conseils, je suis revenue à la vie.

Depuis ce temps, j'ai marrainé exactement de la même façon. J'entends la Quatrième Étape d'une de mes filleules vendredi. Grâce à Dieu, aux AA et à une formidable marraine, je suis maintenant abstinente depuis quatorze ans.

KANDY K.
Clarksburg, Virginie occidentale

IL N'Y A PAS DE CHEFS
Trouver ses propres façons de parrainer et d'être parrainé

A lors que les chapitres précédents traitaient des avantages qu'il y a à suivre des directives, surtout pour les nouveaux chez les AA, dans ce chapitre, des alcooliques en rétablissement ont un point de vue différent – celui de l'individualité dans le parrainage ; guider plutôt qu'élaborer des règles. L'auteur de « Vivre et laisser vivre » dit : « Il n'y a aucune société sur terre qui met autant d'insistance sur le droit à la personne de penser, de s'exprimer et de faire ce qui lui plait que les AA ».

Et à propos de l'article intitulé « Ce qu'est un parrain et ce qu'il n'est pas », l'auteur écrit : « Maintenant, j'ai une meilleure perspective de ce qu'est mon rôle comme parrain et sur ce qu'il n'est pas. Ce rôle est de demeurer abstinent, d'être disponible pour écouter, pour partager mes pensées, pour prier pour les autres et pour les laisser vivre leur propre vie. Ce n'est pas de "régenter" quiconque, les rendre abstinents, les rendre heureux, leur demander de se conformer, ou prendre des décisions à leur place ». Dans les pages qui suivent, des AA parlent d'écouter leur cœur, pas nécessairement de suivre des directives ou d'en donner.

Le parrainage est une voie à deux sens
Septembre 1988

J'étais particulièrement sceptique la première fois que j'ai entendu quelqu'un dire : « Le parrainage aide le parrain autant qu'il aide le nouveau ». J'ai pensé que cela ressemblait trop à ce que disait mon père quand il me donnait la fessée : « Cela me fait plus mal qu'à toi ». Mais oui, bien sûr...

Selon moi, le parrainage était encore une autre forme d'autorité. J'aimais et je détestais cela à la fois. Je voulais un parrain qui me donnerait toutes les « bonnes » réponses à mes problèmes et aux problèmes du monde, mais je me rebutais chaque fois qu'il me donnait des conseils non sollicités ni voulus.

Cette façon de penser en dit assez long sur ma façon de parrainer pendant ma deuxième année. J'étais un parrain autoritaire malgré le fait qu'a mon huitième ou neuvième mois d'abstinence, j'ai rencontré une personne dont les paroles, les actes et la façon d'agir démontraient à coup sûr un style de parrainage qui transcendait l'autorité ou une présomption d'assujettissement. Cet homme est mon parrain aujourd'hui. Par contre, j'ai appris de mes filleuls à être un parrain comme lui au moins autant que j'ai appris de lui.

J'ai travaillé avec des nouveaux pendant ma deuxième année. J'ai essayé d'utiliser la peur, la culpabilité et une voix de sergent instructeur pour les motiver. J'ai donné à chacun des lectures à lire provenant des publications approuvées par la Conférence, des devoirs à écrire, et beaucoup, beaucoup de sermons. Je ne disais jamais rien de mon expérience, de ma faiblesse et de mon désespoir parce que cela aurait pu affaiblir mon autorité à leurs yeux.

Par contre, j'ai accueilli un nouveau vraiment en difficulté dans mon appartement pendant deux jours. Il voulait rester plus longtemps, mais j'ai insisté afin qu'il trouve le sien ; ce fut une bonne chose pour nous deux. J'ai insisté afin qu'un autre me téléphone chaque jour d'un centre de traitement. Cela m'a rappelé tant de souvenirs. Pendant ce temps, le fait de demander toutes ces lectures m'a tenu fort occupé. J'ai dû relire toutes les publications que j'avais demandées afin de pouvoir répondre « parfaitement » à toutes les questions des filleuls, comme une vraie autorité. C'est ainsi que le fait de parrainer a commencé à m'aider.

Deux des hommes m'ont rejeté. Ciel, quel coup pour mon amour-propre ! J'ai espéré qu'ils trouvent d'autres parrains, mais j'étais heureux en secret qu'ils me libèrent. Du moins, c'est ce que je disais. L'un m'a laissé tomber, je crois, parce que je ne m'étais jamais ouvert à lui. Il a dit que je n'avais jamais admis devant lui que moi aussi, je faisais des erreurs. L'autre m'a dit que je le critiquais constamment et que je ne le félicitais jamais de ses petits pas dans la bonne direction.

Je l'admets, ils avaient tous deux raison ! Par contre, je n'ai pas bu parce que j'avais tort et ces deux hommes sont encore abstinents. Donc, par la grâce de Dieu, celui qui ne m'a pas mis à la porte l'est aussi. C'était une compétition ardue entre Dieu et moi pour voir lequel d'entre nous était le vrai parrain de ces hommes, mais je n'ai jamais été près de gagner. Dieu, tel que je le conçois, nous a chacun menés à bon port.

Le parrainage a commencé à fonctionner pour moi plus tard. J'ai demandé à Dieu de me permettre de servir davantage pendant ma troisième année. Je savais que j'en avais besoin pour me maintenir abstinent. À ce moment-là, je n'avais plus de filleuls. Moins de quelques heures après avoir demandé une chance de servir, Dieu s'est présenté à moi avec un filleul provisoire. Nous avons commencé immédiatement. Il m'était devenu beaucoup plus facile d'écouter. J'ai essayé de nouvelles méthodes pour faire des suggestions fermes. Après tout, ce serait une expérience d'apprentissage pour moi aussi. La plupart du temps, avant de taper sur la tête de mon filleul, je considérais sa fragilité. J'ai essayé de faire les suggestions sans user le ton de quelqu'un qui dicte la loi. Par contre, quand je savais pertinemment qu'il avait besoin d'entendre mon message sans mettre des gants blancs, je lui disais carrément. Enfin, et plus important, je crois, j'ai commencé à partager avec lui ce que je n'avais dit qu'à mon parrain : qu'est-ce qui m'arrive. Je suis devenu vulnérable. Et je n'ai pas pris d'alcool, un jour à la fois.

J'ai appris de nombreuses leçons de mon filleul actuel et des autres qui sont toujours en contact avec moi de temps en temps. Essayez le parrainage. Cela fonctionne.

ROBERT P.
New York, New York

Vivre et laisser vivre (Extrait)
Juin 2002

L'une des choses merveilleuses du Mouvement, c'est qu'il y a quelqu'un pour chaque personne, et nous recherchons généralement des gens qui nous ressemblent. Nous tous, chez les AA, avons droit à notre propre opinion, même si nous croyons que l'opinion de quelqu'un d'autre n'est pas aussi bonne que la nôtre. Il n'y a aucune société sur terre qui met autant d'insistance sur le droit d'une personne de penser, de s'exprimer et de faire ce qui lui plait chez les AA. La structure tout entière des AA est basée sur un esprit démocratique. Il n'y a pas de chefs ni de gourous. Nulle part sur terre ne trouvons-nous une telle société extraordinaire, qui accorde tant de liberté à tant de personnes. Si cela fonctionne, n'y touche pas. Nous avons grandi de deux personnes à deux millions, et nous ne manifestons aucun signe de devenir moins nombreux. Nous devons faire quelque chose de bien.

JIM N.
West Springfield, Massachusetts

Ce qu'est un parrain et ce qu'il n'est pas
Septembre 2004

L'occasion d'aider un autre alcoolique à faire les Étapes et à vivre dans la solution me garde au cœur de ce qu'est le rétablissement. Cela m'a aidé à « faire partie de » – quelque chose que j'avais essayé de faire pendant des années. C'est devenu aussi simple que de partager mon expérience, ma force et mon espoir avec un autre alcoolique.

Les Douze Étapes donnent les réponses à toutes les vicissitudes que la vie m'apporte. D'autres ivrognes ont pris le temps de me montrer, non seulement en partageant leur temps et leur vie, mais en vivant dans la solution et en faisant face à tout ce qui arrive avec foi et confiance. C'est vraiment de l'attrait plutôt que de la réclame. Les « gagnants » ont fait les Étapes et sont restés engagés dans le service – ce sont les personnes que je voulais fréquenter ; c'est là que j'ai cherché une marraine.

Aujourd'hui, je marraine cinq femmes qui sont cinq raisons de ma croissance. J'ai connu quatre de ces femmes dans une réunion d'Étapes – la même réunion qui a jeté les bases des Étapes pour moi. Je crois que de passer du temps à la même réunion d'Étapes pour écouter les gens partager et pour apprendre à les connaître est l'endroit où chercher une marraine. Les Étapes offrent les solutions, et c'est ce que je cherchais à apprendre.

Je dois être en bonne forme spirituelle si je veux aider les autres. Sans un lien avec ma Puissance supérieure, je suis la même personne avec les mêmes vieux défauts, créant les mêmes difficultés dans ma vie et dans celle des autres. Souvent, donc, je me suis retrouvée complètement à court d'idées et de mots pour une filleule qui se débat dans la vie, puis, une intuition m'est venue, qui offre une nouvelle perspective à considérer. Quand je me demande d'où cette pensée est venue, je ressens de la chaleur au cœur, et je sais qu'encore une fois, Dieu a fait pour moi ce que je ne peux pas faire seule.

Comme marraine, je n'entends ni ne souhaite prendre de décisions pour les autres. Je ne fais que poser des questions additionnelles sur les raisons, sur l'honnêteté et sur le contact spirituel. On m'a enseigné à prendre des décisions éclairées et à me tenir prête à accepter la responsabilité de ces décisions. On m'a aussi enseigné que les Sixième et Septième Étapes entrent en jeu quand la peur prend le dessus sur ces décisions. Ce fut un facteur important quand j'ai commencé à être marraine – la peur de tout chambouler et de faire du mal à quelqu'un, de même que la peur de ne pas connaître les « réponses » et d'être considérée comme une abrutie.

Merci mon Dieu, car aujourd'hui, j'ai une perspective plus précise de mon rôle, à savoir ce qu'est le marrainage et ce qu'il n'est pas. Ce rôle est de demeurer abstinente, d'être disponible pour écouter, partager mes pensées, prier pour les autres et les laisser vivre leur propre vie. Ce n'est pas de « régenter » quiconque, de les rendre abstinents, de les rendre heureux, de leur demander de se conformer, ou de prendre des décisions à leur place.

Dieu m'a gratifié de modèles incroyables comme marraines et amies. Le marrainage m'a donné une incroyable leçon d'humilité et de gratitude. J'ai tellement grandi dans ce programme et dans la vie. Les promesses se sont réalisées dans ma vie – qu'il s'agisse de mettre sa vie en ordre, de faire confiance à Dieu et de travailler avec les autres.

HILARY T.
Berlin, Connecticut

La pierre qui roule de Dieu (extrait de Dear Grapevine)
Décembre 1996

J'ai commencé à aller aux réunions des AA il y a vingt-cinq ans, à Dearborn, Michigan ; j'ai déménagé à Denver, puis à Phoenix, et je suis revenu au Michigan. Je suis la pierre qui roule de Dieu. Chaque fois que j'ai déménagé, j'ai trouvé un ami dans une ville étrangère en offrant mes services comme parrain.

J'ai maintenant soixante-quatorze ans et j'ai un ami très cher en la personne de mon dernier filleul. Nous avons une réunion tous les dimanches à l'hôtel. Je crois que le parrainage est la clé pour réussir chez les AA.

LIBBY M.
Brownstown, Michigan

Hors des sentiers battus (Extrait)
Mars 2008

Je suis devenue abstinente à l'adolescence et mes expériences de parrainage sont quelque peu hors des sentiers battus.

Comme tous ceux qui sont devenus abstinents à un jeune âge, je sais ce que c'est que d'être la plus jeune dans une réunion et d'avoir la plus longue durée d'abstinence, mais être considérée malgré tout comme « inexpérimentée ». Comme résultat, mon expérience de marrainage s'est résumée à de très jeunes femmes, aussi jeunes que treize ans. Elles étaient les seules qui me donnaient une vraie chance. Merci, mon Dieu, j'ai trouvé ces filles et j'ai pu leur transmettre le message des AA. Elles m'ont sauvé la vie.

Ma première filleule avait treize ans ; je lui ai transmis le message à la demande de sa conseillère scolaire. Elle avait l'habitude de me téléphoner quand elle était perturbée parce qu'un garçon en qui elle croyait pouvoir faire confiance avait cherché à la séduire – souvent quelqu'un qui avait deux fois son âge. Je détestais avoir à lui dire qu'elle n'était pas toujours en sécurité chez les AA, mais c'était la triste vérité. J'ai fait de mon mieux pour m'en occuper et pour lui donner de la sécurité, comme on l'avait fait pour moi.

Malgré de nombreuses expériences d'apprentissage douloureuses, j'ai essayé de l'aider à faire son inventaire et à changer son comportement afin qu'elle attire moins de telles avances. Ce fut pour moi aussi une période d'essais et d'erreurs – j'ai dû apprendre à faire ce qui était approprié et ce qui ne l'était pas, comme marraine. Je n'étais pas la seule à la protéger. Il y avait d'autres personnes qui veillaient à sa sécurité dans les réunions des AA.

Elle fut la première de nombreuses jeunes femmes avec qui j'ai eu le bonheur de travailler, et plusieurs d'entre elles ont été confrontées à ce problème.

J'ai poursuivi péniblement ma route à travers de nombreuses situations épineuses sans avoir été vraiment guidée. Enfin, j'en suis venue à un point où j'ai senti que je pouvais faire face à ces situations sans trop de confusion et de doutes. J'ai trouvé ce avec quoi je me sentais à l'aise et ce qui semble bien selon les Traditions et les principes des AA.

ANONYME

Il n'y a pas d'absolus chez les AA (Extrait de Dear Grapevine)
Août 2003

Il n'y a pas d'absolus chez les AA. Je viens de célébrer huit ans d'abstinence et je n'ai jamais eu de parrain. Je vais aux réunions, j'ai un bon soutien de mon groupe, et je parle à quelqu'un quand j'ai un problème accablant. Je ne dis pas que je ne crois pas au parrainage, mais je crois que ce n'est pas pour tout le monde, et que ce n'est pas tout le monde qui ressent le besoin d'avoir un parrain. Presque à chaque réunion où je vais, on suggère rarement à un nouveau de se trouver un parrain ; c'est plus un ordre : « Trouve-toi un parrain ! » J'ai aussi entendu : « Si tu n'as pas de parrain, tu vas prendre de l'alcool. » Qui a rédigé ce règlement ? Parce que je choisis de ne pas avoir un parrain attitré, mais de recourir à de nombreuses personnes chez les AA, aux AA mêmes, et, bien sûr, à ma PS comme mes guides dans l'abstinence, cela ne signifie pas que je suis plus vulnérable que quelqu'un qui a un parrain attitré.

Tout cela est quelque peu effrayant : bien que je ne sois ici que depuis environ huit ans, il semble y avoir un déplacement chez les AA, de suggestions et orientations vers des absolus. Partager son expérience, sa force et son espoir ne signifie pas, à mes yeux, instaurer des règles rigides qui doivent être suivies. Je vais continuer d'aller chez les AA. Cela me garde en vie. Le moins que je puisse faire est de transmettre les suggestions qui m'ont été données, y compris la suggestion de trouver un parrain, si c'est la voie que le nouveau doit emprunter.

JIM H.
Dunmore, Pennsylvanie

Un parrain sévère (Extrait de Dear Grapevine)
Décembre 2004

Comme l'auteur de « Le courtier en parrainage » (septembre 2004), je ne crois pas que les parrains doivent connaître toutes les réponses, mais je crois qu'ils devraient savoir quelles bonnes questions poser. Je crois qu'un bon parrain sait écouter. J'entends des membres dire qu'ils ont eu un parrain sévère quand ils sont venus chez les AA la première fois, et les mots clés sont toujours « ont eu ». Nous passons généralement par-dessus cette forme de parrainage. Continuons simplement de raconter notre histoire, un alcoolique qui parle à un autre alcoolique, et nous pouvons littéralement devenir des faiseurs de miracles.

DAVE S.
Prince Albert, Saskatchewan

Trouver la combinaison
Mai 2003

On pourrait qualifier ma première marraine de despote. Elle ridiculisait ma façon de penser, m'injuriait, criait après moi, et à l'occasion, me raccrochait la ligne au nez. Cette marraine était abstinente depuis environ vingt-cinq ans, et elle savait tout. Il fallait agir à sa manière, ou « faire de l'air », et son comportement était peu relié au Gros Livre. Elle a marrainé de nombreuses autres femmes qui avaient aussi peur d'elle, mais qui avaient encore plus peur d'être mises au ban du groupe si elles la quittaient. Après trois mois d'abstinence, je l'ai quand même quittée. Cette forme de marrainage ne me convenait simplement pas. J'ai senti le stigmate social du groupe et pendant un temps, j'ai aussi quitté le groupe.

Puis, j'ai trouvé une marraine qui pratiquait le Gros Livre, qui a pris le temps de s'assoir avec moi plusieurs soirées par semaine, et qui m'a guidée à travers les onze premiers chapitres du Gros Livre. Elle m'a expliqué des choses, m'a aidée dans ma Quatrième Étape, et a partagé tout ce qu'elle savait sur le programme des AA, y compris son coffre d'outils spirituels. Je n'étais pas très proche de cette personne, mais je me sentais à l'aise et détendue avec elle. C'était plus une relation étudiante enseignante, et je lui serai toujours reconnaissante de m'avoir initiée aux Étapes.

Quand j'ai eu dix mois d'abstinence, cette marraine a déménagé et je suis retournée au groupe où je suis devenue abstinente. Pendant de nombreux mois, je ne faisais qu'aller aux réunions et je n'ai pas pris de marraine. Finalement, j'ai dit au groupe que j'avais besoin d'aide pour trouver quelqu'un. Ils m'ont aidée. Ma marraine aujourd'hui a environ dix ans d'abstinence. Elle sait très bien écouter. Elle m'incite à partager et rit souvent avec moi de ma façon de penser. Elle m'a dit quand je l'ai rencontrée la première fois : « Une marraine ne peut pas t'aider à rester abstinente. Seul Dieu, tel que tu le conçois, peut le faire. Par contre, je ferai tout ce que je peux pour t'aider ».

Aujourd'hui, je remercie Dieu du cadeau de cette merveilleuse marraine qui m'encourage à apprendre par moi-même, et à utiliser pleinement le Mouvement.

C.H.
San Angelo, Texas

L'esprit du parrainage (Extrait de Dear Grapevine)
Décembre 2001

M a marraine de plus de vingt ans est décédée il y a eux ans et bien que ne n'ai pas pu être avec elle physiquement, j'y étais en pensée et en esprit.

Pourquoi était-elle si particulière ? C'était peut-être son amour indéfectible et son enthousiasme pour le programme des AA ? Ou c'était peut-être sa certitude inébranlable que tout le monde est foncièrement bon et apporte une contribution positive à la vie. Tout ce que je sais est ce que cette femme a fait pour moi, une nouvelle apeurée, et ce qu'elle a continué à faire pendant les vingt années suivantes.

Quand je m'interrogeais sur le sens des hauts et des bas de la vie, elle me répondait que le secret de la vie, c'était simplement de vivre. Quand je faisais du ressentiment envers une personne membre des AA, elle me conseillait d'écouter le message, pas la personne qui le transmettait. Elle m'a enseigné à chercher des miracles dans des endroits inattendus et d'être prête à en être reconnaissante.

C'est pourquoi j'aime une histoire que sa famille m'a racontée quand ils sont revenus après avoir répandu ses cendres dans la mer. Elle aimait l'océan et avait toujours dit qu'après sa mort, elle voulait se réincarner en dauphin. Quand ils ont libéré ses cendres, son mari et ses enfants ont vu deux dauphins qui nageaient près d'eux. « Regarde ! a dit l'un d'eux. Voilà maman, et elle a déjà une filleule ».

LYNN C.
South Deerfield, Massachusetts

CHAPITRE QUATRE

IL SUFFIT DE DEMANDER

Surmonter la peur initiale de chercher un parrain,
ou de devenir un parrain

L es publications des AA nous assurent que le parrainage aide souvent davantage le parrain que le filleul – et seule notre Puissance supérieure peut nous maintenir abstinents. Même à cela, devenir parrain peut parfois paraître effrayant, surtout quand il est facile de croire que si nous « échouons », une personne peut retourner boire. L'auteur de « Aller n'importe où – même à Brooklyn » a dit : « Il m'a demandé d'être son parrain. Je me suis immédiatement senti petit "moins que rien", indigne, et totalement fraudeur ».

À l'inverse, un membre des AA qui commence à chercher un parrain ressent sa propre anxiété. L'auteur de « Est-ce que tu vas me congédier ? » écrit : « J'en suis venu à penser que si je demandais à quelqu'un de me parrainer, il refuserait. J'ai développé une terrible peur du rejet. »

La peur de l'inconnu, la peur de tout gâcher, ou la peur d'être rejeté peut empêcher un membre des AA de parrainer quelqu'un, ou l'empêcher de demander à quelqu'un d'autre de le parrainer. Les membres qui racontent leurs histoires dans ce chapitre parlent d'aller au-delà de cette peur et simplement de dire « oui ».

Est-ce que tu vas me congédier ?

Mars 1997

Quand je suis devenu abstinent, je pensais que j'étais l'une de ces rares personnes chez les AA qui n'auraient pas besoin d'un parrain. J'en suis aussi venu à penser que si je demandais à quelqu'un de me parrainer, il refuserait. J'ai développé une terrible peur du rejet. Je me suis donc accroché de peine et de misère pendant sept mois. À ce moment-là, j'ai cru devenir fou. Je ne suivais aucun programme. Je savais que si je voulais demeurer abstinent, il faudrait que j'essaie cette chose qu'on appelle le parrainage.

La première personne à qui j'ai demandé de me parrainer a fait exactement ce que je craignais – elle m'a rejeté. Le rejet fait mal, mais je savais que je voulais rester abstinent. Je ne savais que deux choses sur la personne à qui j'ai fait la même demande ensuite – son nom et le fait que je l'avais vu prendre un médaillon de cinq ans d'abstinence. Il a accepté et m'a mis sur la voie du programme des AA. Il m'a dit de lire le Gros Livre jusqu'à la fin du onzième chapitre, puis m'a dit de le lire une deuxième fois, et nous en avons parlé. Il m'a aussi fait lire un livre de dévotion quotidienne et m'a dit de prier chaque jour une Puissance supérieure. La dernière chose qu'il m'a dite a été de lui téléphoner chaque jour si je voulais qu'il me parraine. Je ne voulais pas faire cela à cinquante-deux ans, mais j'ai accepté et je l'ai fait.

Un jour, je lui ai téléphoné sept fois. Je lui ai demandé s'il me congédierait si je lui téléphonais une autre fois dans la journée. Il a ri et m'a dit non. Il a dit que je l'aidais. Je ne l'ai pas compris à ce moment-là. Je sais maintenant qu'il avait besoin de moi. J'ai maintenant quatre ans d'abstinence dans ce mouvement miraculeux des AA donné par Dieu, et j'ai encore ce parrain aimant. Il me conseille gentiment, mais fermement. Je sais que j'aurais été incapable de rester abstinent sans cet homme. Je remercie Dieu, tel que je le conçois, de l'avoir mis sur mon chemin. Si vous n'avez pas de parrain, je vous suggère fortement d'en trouver un. Cette maladie de l'alcoolisme tue.

JOE A.
Lexington, Caroline du Sud

N'importe où – même à Brooklyn
Septembre 2010

Je me suis rendu à Brooklyn ce soir.

Un de mes confrères de classe avait mentionné être incapable de « toucher à ce liquide » quand il était question d'alcool. Après les cours (et rassemblant mon courage), je lui ai demandé s'il allait aux réunions.

« Tu veux dire les réunions des Alcooliques anonymes ? », a-t-il dit, apparemment étonné que je lui pose cette question. Il a acquiescé disant qu'il était abstinent depuis six mois. Avant de partir, toutefois, il m'a dit la vérité et m'a dit qu'il n'avait qu'une journée. J'ai offert de lui donner mon numéro de téléphone et nous avons projeté de faire une réunion dans sa région.

Aller à Brooklyn serait un voyage éprouvant, car je demeure à Queens et c'était l'heure de pointe. Par contre, ayant trois ans d'abstinence, je me sentais à la hauteur. J'ai entrepris la route d'une heure et demie, et j'ai trouvé l'église et mon collègue de classe à temps. Nous nous sommes installés pour deux réunions ; j'ai partagé pendant la deuxième. En sortant de la salle, il m'a demandé de le raccompagner. En route, il m'a demandé si je pouvais être son parrain. En presque trois ans et demi d'abstinence et en allant aux réunions assidûment, seulement un autre homme m'avait demandé de le parrainer ; peu après, il a disparu. J'ai accepté.

Je me suis immédiatement senti petit, « moins que rien », indigne, et totalement fraudeur. Je lui ai dit que mon parrain et moi ne travaillions pas assez, et que je me devais de lui dire. Je lui ai aussi dit de ne pas boire et de me téléphoner. Je ne pouvais penser à rien d'autre.

Après l'avoir déposé chez lui, j'ai instinctivement téléphoné à un alcoolique qui, avec sa femme, avait une base solide du programme. Je lui ai raconté mon dilemme : je ne savais pas quoi faire. Il a dit : « Pourquoi ne pas lui suggérer d'aller aux réunions, de te téléphoner tous les jours et de commencer à lire le Gros Livre ? » Bien sûr – pourquoi n'y avais-je pas pensé ? J'ai aussi expliqué mes problèmes avec mon propre parrain, et il a accepté de m'aider.

En vérité, il est devenu mon nouveau parrain.

Avec l'aide des AA, je me retrouve maintenant avec un nouveau parrain et un nouveau filleul. Comme c'est merveilleux ! Chez les AA, j'ai découvert qu'il n'y a aucune honte à demander de l'aide, et qu'en le faisant, en demandant simplement, nous aidons les autres.

Mon nouveau parrain a été reconnaissant d'avoir de mes nouvelles, et moi des siennes, mon confrère de classe des miennes, et nous nous sommes tous entraidés à demeurer abstinents.

ADAM K.
Queens, New York

Besoin d'une marraine ? Qui ? Moi ?
Janvier 1975

Quand on nous demande d'être la marraine de quelqu'un, ce n'est pas une occasion de jouer à Dieu. Plutôt, c'est une expérience qui rend humble, et qui incombe à la marraine de demander d'être guidé. Cela demande aussi une grande capacité d'écoute. L'empathie, pas la sympathie ou la pitié, est la qualité la plus utile que peut cultiver une marraine.

SALLY H.
Bellevue, Washington

Un Dieu plus gros
Mars 2002

J'ai demandé récemment à une nouvelle : « Est-ce que tu as trouvé une marraine ? » Elle m'a dit non. « Comment fais-tu ? » Je lui ai dit qu'elle n'avait qu'à le demander.

« D'accord, pourrais-tu l'être ? a-t-elle demandé. Pourrais-tu être ma marraine ? »

L'instant d'une seconde, j'ai oublié de respirer. Je ne voulais pas dire moi. Elle avait besoin d'une marraine qui avait beaucoup de temps, quelqu'un qui avait plus qu'à peine trois ans. Puis, je me suis entendu dire : « Cela me fera plaisir de te marrainer ». Je l'ai dit malgré moi. Maintenant, j'étais sérieusement en difficulté. Je ne suis pas une marraine, je suis une filleule. Je n'ai pas le temps de marrainer quelqu'un ; je dois travailler mes Étapes.

La prochaine chose que j'ai sue, je lui demandais de lire le Gros Livre. Mes propos devaient être cohérents, car elle semblait heureuse quand nous nous sommes quittées, moi lui disant exactement ce que ma marraine m'avait dit : « Téléphone, même si tu n'as rien à dire. C'est comme un exercice d'incendie – tu veux savoir quoi faire quand il y a une urgence ».

Je me suis blâmée en route vers la maison. Est-ce que je n'aurais pas dû lui dire quelque chose de plus original ? « Téléphone, même si tu n'as rien à dire ! » Cela faisait tellement… tellement marraine ! Pour commencer, je détestais faire ces téléphones, ces messages téléphoniques « Bonjour, je viens me rapporter » que je laissais sur le répondeur de ma marraine.

J'ai peur du changement. Peur du progrès sans perfection. J'ai toujours été comme ça. Je me suis assise et j'ai prié. J'ai prié pour avoir la capacité d'être la meilleure marraine que je peux. Tout ce que j'ai à faire est de partager mon expérience, ma force et mon espoir. J'ai pris mon Gros Livre et j'ai commencé à le lire à partir du début.

Je suis marraine maintenant depuis quatre jours entiers, mais il semble que j'aie franchi un siècle de croissance spirituelle. Pour sûr, j'ai grandi d'un centimètre ou deux. À cause de ce changement subtil de perception de moi-même, le changement de travailler les Étapes comme filleule à comparer à travailler les Étapes comme marraine m'excite tellement que les coutures de mes vêtements sont sur le point d'éclater.

Quand j'ai peur, ma marraine me dit toujours : « Tu devrais peut-être te trouver un plus gros Dieu ». Cela me laissait pantoise, mais maintenant, je comprends. Plus j'acquiers de temps d'abstinence, plus ma vie devient remplie, et mon Dieu grandit dans la même mesure. Au lieu de protéger ce que j'ai, j'ai choisi de garder l'esprit ouvert. « Ouvre, ouvre, ouvre » comme aime à se dire l'une de mes amies abstinentes. Cette semaine, je me suis retrouvée à vivre selon le principe d'un moment à la fois, en demandant à Dieu : « Et ensuite ? »

STEFANI R.
Los Angeles, Californie

Nouveau parrain (Extrait de Dear Grapevine)
Mars 2009

Je me souviens avoir demandé à mon parrain : « Quand dois-je commencer les Étapes ? » Il m'a répondu : « Quand veux-tu aller mieux ? »

J'étais abstinent depuis seulement quatre mois quand j'ai rencontré un nouvel ami à la réunion de vingt heures. Il me ressemblait, un cas désespéré prêt à tout pour devenir abstinent. Quand il m'a demandé de l'aide, j'ai téléphoné à mon parrain. Il a dit : « Prends-le par la main et guide-le comme je t'ai guidé ». Nous avons marché aux réunions, nous avons prié, lu le Gros Livre et fait les Douze Étapes ensemble, avec l'aide de mon parrain.

Un jour à la fois s'est multiplié jusqu'à sept ans. Nous ne sommes plus sans foyer ni désespérés, grâce aux AA. C'est vraiment une question d'un ivrogne qui tend la main à un autre ivrogne.

DAVID M.
Martinsville, Virginie

La sagesse d'interrompre (Extrait de Dear Grapevine)
Juillet 2007

Les récentes histoires sur les « interruptions » m'ont rappelé ce qui m'est arrivé dans une réunion à Catlett, Virginie, il y a plus de vingt ans, alors que j'étais nouveau et que j'avais de la difficulté à rester abstinent.

J'ai levé la main pour dire que j'avais eu une autre rechute. Puis, j'ai parlé pendant plusieurs minutes à propos de ma consternation et de mon étonnement. Je transmettais le proverbial « mess » et non le message. Finalement, l'animateur, qui s'appelait Dick, a levé la main et m'a interrompu par une question pointue : qu'avait dit mon parrain quand je lui ai téléphoné pour lui dire que je voulais prendre de l'alcool ?

En moins de quelques jours, j'avais trouvé mon premier parrain. Je suis certain que les autres personnes à la réunion ont été reconnaissantes que Dick m'interrompe. J'en suis reconnaissant encore aujourd'hui. Je suis heureux qu'il se soit soucié plus de ma vie que de mon amour-propre.

MARBURY W.
Greenbelt, Maryland

Une main secourable
Janvier 1997

J'ai rencontré une femme qui allait devenir ma marraine alors que j'avais neuf jours. J'ai oublié ce qu'elle m'a dit ce soir-là, mais j'ai eu l'impression que cette femme avait la tête sur les épaules. Je lui ai téléphoné le douzième jour parce que je ne savais pas quoi faire d'autre. Elle m'a dit qu'elle avait d'autres projets pour la soirée, mais elle m'a fait la surprise de se présenter à ma réunion. Il n'y avait plus de chaises libres et donc, je me suis assise par terre et elle a fait de même. À la fin de la réunion, je lui ai demandé d'être ma marraine. Elle m'a serrée dans ses bras et a dit : « C'est Dieu qui t'envoie vers moi ! » Elle a été ma marraine depuis ce temps, et c'est l'une des personnes les plus importantes de ma vie.

Quand j'ai célébré une année d'abstinence, nous avons toutes deux cherché quelqu'un que je pourrais marrainer, afin de connaître l'expérience du marrainage de l'autre côté de la médaille. Au début, je cherchais des nouvelles, je leur demandais si elles avaient une marraine et sinon, je serais heureuse de l'être. Pas de chance. Un homme qui avait de nombreuses années d'abstinence m'a dit que cette approche les intimidait ou leur faisait probablement peur, alors j'ai changé de tactique.

S'il y avait une nouvelle dans une réunion, je lui donnais mon numéro de téléphone et je lui disais que je serais heureuse de l'aider de quelque façon. Pas de pression. Pas de chance non plus. J'ai signé dans plusieurs livres pour être marraine temporaire. Pas de chance. J'agissais parfois comme liaison avec les nouvelles dans mon groupe d'attache. Encore là, pas de chance.

Enfin, ma marraine a rencontré une femme qui sortait de rétablissement, et elle m'a dit de lui parler, de l'amener prendre le café, et que je pourrais devenir sa marraine. J'ai fait ce que m'a dit ma marraine. Après quelques semaines, la femme m'a demandé d'être sa marraine, mais elle téléphonait rarement. Voulant être utile, je lui ai téléphoné. Après quelques semaines de ce jeu, je lui ai demandé de me téléphoner. Elle a cessé totalement de me téléphoner.

Peu après, nous ne nous voyions qu'aux réunions et nous allions prendre le café et une bouchée. Après quelques semaines, elle ne venait plus à la réunion, mais voulait venir prendre le café. Encore une fois, je lui ai suggéré de téléphoner, car j'avais besoin de temps pour partager avec mes amies, et je lui ai offert de réserver du temps chaque semaine alors qu'elle et moi pourrions nous voir en personne. Elle a cessé totalement de venir aux mêmes réunions où j'allais et nous ne sommes pas allées prendre le café. Enfin, je lui ai dit que je ne pouvais plus être sa marraine. Je devais lui annoncer cette nouvelle sur son répondeur, car elle ne me rappelait pas à son bureau.

J'étais blessée et mes attentes avaient été trop élevées. Rien de ce que je peux dire ou faire ne peut contrôler le comportement des autres. Voici un bel exemple de l'application du slogan « Vivre et laisser vivre », qui me rappelle que le seul objectif est d'être utile.

Les mois ont passé. Je donne encore mon numéro de téléphone aux réunions et j'agis comme liaison, mais personne ne me demande d'être sa marraine. En peu de temps, les femmes que j'avais observées en train de compter les jours avaient une ou deux filleules. Ma marraine en avait même une autre.

Récemment, une femme qui n'avait pas bu depuis quatre jours est venue à mon groupe d'attache. Je lui ai demandé si elle voulait aller prendre un café et elle a accepté. Elle posait beaucoup de questions sur le parrainage et j'ai offert d'être sa marraine. Elle m'a répondu qu'elle aimerait bien, si ce n'était pas trop demander. Pas de problème, ai-je répliqué, mais s'il vous plait, essaie de me téléphoner avant deux heures le matin.

Pas de téléphone. Je la voyais aux réunions et je lui demandais comment elle allait. Elle était très contente de partager avec moi en personne, mais réticente à téléphoner. Une semaine plus tard, je l'ai vue sortir précipitamment d'une réunion. Je l'ai suivie et lui ai demandé si elle allait bien. Elle était agitée. Elle m'a dit qu'elle avait téléphoné à une autre femme dans le programme tous les jours, et qu'elle faisait la Première Étape avec elle. Elle avait une marraine, mais ce n'était pas moi.

Même si j'étais désappointée de ne pas avoir de filleule, j'étais heureuse de faire du travail de Douzième Étape et de donner mon message dans les réunions. Je donne toujours mon numéro de téléphone. Mon nom se retrouve toujours dans les livres de parrainage dans les groupes des alentours. J'ai répondu à des appels de Douzième Étape. J'agis comme liaison quand on me le demande, et je suis secrétaire et trésorière à mon groupe d'attache. J'aime aller prendre le café avec d'autres après les réunions. Je salue les nouvelles personnes, et je fais un effort particulier pour me rappeler leur nom. Plusieurs de ces personnes que j'ai rencontrées quand elles étaient encore tremblantes et en proie à des sueurs froides à cause de l'alcool sont maintenant abstinentes depuis plus d'un an. Elles se rappellent que je les ai regardées dans les yeux, que je les ai accueillies et que j'ai tendu la main en toute fraternité.

Comme filleule, je suis joyeuse. Comme marraine, je suis perplexe. Je ne serai peut-être jamais marraine, mais cela ne m'empêchera pas de tendre la main aux autres et de les accueillir.

ELIZABETH H.
New York, New York

PRÊTS À TOUT

Accepter de parrainer un nouveau dérangé ou souffrant d'un handicap mental

L'auteur de « Ce parrain fait des visites à domicile » a un filleul en prison, un autre à l'hôpital pour maniaco-dépression, et un troisième qui a la gueule de bois après avoir bu. « J'ai dit [à mon parrain] que je ne croyais pas être prêt pour ce type de parrainage, écrit-il. Mon parrain m'a dit que dans le parrainage, comme dans tout travail de Douzième Étape, notre objectif premier est de transmettre le message de l'abstinence. Je n'avais fait que cela toute la journée ».

« Travailler avec Phil a fait toute la différence. Il m'a aidé dans mes pires moments difficiles », rapporte l'auteur de « Malade mental ». Les AA dans ce chapitre, comme celui qui parraine un handicapé mental, ont choisi d'essayer d'aider des membres particulièrement dérangés et, ce faisant, ils sont restés abstinents eux-mêmes.

La tristesse d'une marraine

Mars 1991

J e suis venue chez les AA en 1984, très abattue, malade aussi mentalement que physiquement. Lentement, j'ai commencé à m'éclaircir les esprits. Ma santé s'est améliorée, mon état mental semblait assez solide, et mon esprit guérissait. J'ai pris une marraine qui m'a enseigné les tenants et les aboutissants du mode de vie des AA. J'ai assisté à des réunions d'Étapes, du Gros Livre, de conférenciers et de discussion. J'ai fait le café, nettoyé les planchers, vidé les cendriers, lu le rapport du secrétaire. Lentement, ma vie s'est améliorée.

À un certain moment pendant ma quatrième année d'abstinence, j'ai ressenti le besoin de donner quelque chose en retour. On m'avait demandé à quelques reprises de marrainer des membres, mais j'avais toujours refusé, ne me sentant pas prête. Maintenant, j'acceptais de marrainer temporairement une personne que j'avais vue dans les réunions. Nous vivions assez près l'une de l'autre et souvent, nous allions aux réunions ensemble.

Nous avons amorcé une relation satisfaisante pour les deux, qui s'est rapidement détériorée. Les demandes de temps qu'exigeait ma nouvelle amie semblaient déraisonnables. Elle téléphonait trois ou quatre fois par jour, et elle se présentait à ma porte chaque fois que l'envie lui en prenait. Je me répétais sans cesse que Bill et Dr Bob avaient vécu la même chose. Il y avait même des gens qui vivaient avec eux. Il semble que rien ne les dérangeait. Qu'est-ce qui n'allait pas chez moi ? Pourquoi avais-je tant de ressentiment ?

Il s'est avéré que mon amie avait des problèmes autres que l'alcool. Elle souffrait de maniaco-dépression. Ce fut violent et destructeur. Elle ne me l'avait jamais caché, mais nous n'en avions pas discuté non plus. Elle ne voulait pas en parler et je ne voulais pas le savoir.

L'inévitable s'est produit et elle a connu un épisode de maniaco-dépression psychotique. Malgré toute ma bonne volonté, malgré mon solide bagage AA, je ne pouvais pas l'aider. Les policiers l'ont sortie de sa maison après vingt-quatre heures affreuses. J'avais le cœur brisé pour elle.

Elle était maintenant enfermée dans un hôpital psychiatrique, et elle voulait que je la fasse sortir. J'étais encore terrifiée de la scène que j'avais vue peu avant. Cette journée-là, j'ai connu la peur comme jamais dans toutes mes années d'alcoolisme. Il s'est avéré que cet épisode était l'un parmi tant d'autres qu'elle avait eus. Sa famille m'a assurée qu'elle irait mieux avec le temps et la bonne médication.

J'étais affolée. J'ai perdu le sommeil et je suis tombée malade physiquement. La réponse m'a été donnée plus tard en parlant avec ma marraine. Je devais me détacher avec amour. J'étais impuissante, mais je ne l'ai jamais vraiment accepté. Au fond de moi, j'avais l'impression que si j'avais essayé davantage, j'aurais pu changer le cours des choses comme je le voulais.

Dans mon ignorance de cette maladie, j'aurais même pu la blesser en ne reconnaissant pas les signes qui devenaient de plus en plus évidents. Je continuais d'essayer plus fort, elle devenait de plus en plus malade.

J'écris cela pour deux raisons. D'abord, quelqu'un d'autre peut apprendre de ma tristesse. Les AA s'occupent de problèmes d'alcool, mais ils n'ont aucun pouvoir de guérir la maniaco-dépression. Deuxièmement, si et quand j'essaierai de marrainer quelqu'un d'autre, je vais m'assurer que nous discutons d'alcoolisme. Mon ancienne filleule et moi n'avons jamais parlé d'alcool. Cela semble étrange à dire maintenant, mais c'est vrai. Nous avons parlé encore et encore d'enfants, de maris, de réunions, de maison, et autres – mais jamais de l'alcoolisme ni du programme.

Je suis impuissante face à de nombreuses choses dans ce monde, il y a beaucoup de situations que je ne peux pas régler. Je ferais mieux de m'en souvenir. Je ne le peux pas, Dieu le peut, alors, je crois que je vais le laisser agir.

J. N. W.
Lynn, Massachusetts

Des âmes sœurs

Mars 2009

Je suis abstinente chez les Alcooliques anonymes depuis 20 ans. J'ai cessé de boire au Club Westside Alano, sur le boulevard Pico à Los Angeles. C'est à une distance de marche de l'hôpital psychiatrique où je dépensais l'argent qui m'était versé par l'administration de la sécurité sociale. Ils avaient un programme pour les personnes souffrant de troubles psychiatriques en plus de dépendances chimiques.

J'étais déprimée et à la fois psychotique. Je voulais avoir l'impression d'être bien. Je voulais me sentir comme si tout le monde ne me fixait pas tout le temps, ou ne pas avoir le sentiment que le monde allait s'écrouler autour de moi.

Je voulais avoir l'impression que j'étais digne d'être aimée, comme si peut-être, quelque chose de bon se présenterait à moi un jour. Ils ont essayé toutes les sortes de médicaments à leur portée, mais aucun ne semblait faire l'affaire. Pas plus que les traitements-chocs.

L'alcool était la seule chose qui semblait fonctionner pour moi. J'ai entendu dire que des membres des AA disaient de l'alcool que c'était du « courage liquide », et c'était certainement vrai dans mon cas au début.

J'ai bu et j'ai fumé jusqu'à la fin de l'école supérieure, j'ai obtenu mon premier congé d'un hôpital psychiatrique à 19 ans, et je me suis retrouvée dans une unité fermée en contention à 23 ans. Je me suis pendue avec un drap dans l'encadrement d'une porte, et je me suis évanouie.

On m'a retrouvée, on m'a détachée et j'ai eu une trachéotomie d'urgence. Quand je suis sortie du coma quelques jours plus tard, j'étais paralysée du côté gauche et je ne savais plus mon nom. Après de nombreuses IRM, on a déterminé que j'avais tué au moins 10 pour cent de mon cerveau. J'aurais dû être handicapée pour le reste de ma vie.

Heureusement, mon père et mon médecin nourrissaient de plus grands espoirs. J'ai eu de la physiothérapie pour réapprendre à marcher, et on m'a donné mon congé de l'hôpital quelques mois plus tard, et on m'a envoyée dans un centre de traitement.

Ce n'est pas la partie importante de mon histoire. La partie importante, c'est comment je me suis retrouvée chez les Alcooliques anonymes. Je me suis liée d'amitié avec un homme dans mon groupe de thérapie à l'hôpital. D'une façon ou d'une autre, Stan a trouvé que nous étions des âmes sœurs et il a commencé à m'amener à ses réunions des AA. Il m'a enseigné l'importance de chercher des similarités au lieu des différences.

J'ai fini par faire ce que vous m'aviez dit, même si ce n'était pas de gaieté de cœur. J'avais du mal à accepter quoi que ce soit. Il m'a fallu longtemps pour trouver un groupe d'attache où je me sentais à l'aise, et une marraine à qui je pouvais m'identifier.

La femme que j'ai enfin choisie comme marraine, Marla H., de Redondo Beach, ne s'est pas laissé émouvoir par mon apitoiement, et quand je me suis plainte de mes problèmes psychiatriques, elle m'a répondu avec amour que « les Douze Étapes fonctionneront pour tout le monde – même les personnes comme toi ou comme moi – si nous les faisons avec honnêteté. Alors, cesse de pleurnicher et mets-toi au travail. »

Dans mon rétablissement, j'ai trouvé un nouveau mode de vie. Marla avait raison quand elle m'a dit que si je faisais les Étapes et si je fréquentais le Mouvement, mes problèmes diminueraient. J'avais l'habitude de devoir faire des choses comme trouver quel trajet d'autobus me conduirait à la Sécurité sociale, et comment faire pour héberger mes nombreux parents qui assisteront à ma remise de diplôme en juin.

Je n'aurais jamais cru que je trouverais autant de joies dans la vie, et j'ai aussi enduré des choses en étant abstinente que je n'aurais jamais cru pouvoir tolérer. J'ai entendu des personnes dire dans ces réunions que le mouvement des AA est un programme égoïste et je n'aimais pas que l'on dise cela.

Mon égoïsme est ce qui m'a créé le plus de problèmes, et les Étapes disent que l'égoïsme et l'égocentrisme sont la source de nos problèmes. J'aime dire que les AA sont un programme que l'on peut suivre pour apprendre à faire la volonté de notre être supérieur.

Les principes de base de notre programme – l'honnêteté, l'ouverture d'esprit et la bonne volonté – quand ils sont mis en pratique dans une vie au service de Dieu et de nos semblables, ont le pouvoir de transformer, non seulement la vie d'alcooliques, mais peut-être aussi le monde autour de nous.

PAM P.
San Pedro, Californie

Ce parrain fait des visites à domicile
Mars 1982

Environ un an et demi après avoir pris mon dernier verre, j'étais encore très actif et j'assistais à beaucoup de réunions ; mais le dimanche, avec ses invitations à boire, était toujours une journée difficile pour moi. Heureusement, j'habitais la ville de New York et il y avait des réunions toute la journée le dimanche

Un jour, j'ai eu un appel d'un homme avec qui j'étais devenu abstinent. Il avait repris de l'alcool récemment, avait battu son amie, et il était en prison en attente de son procès. Le dimanche suivant, je me suis mis en route très tôt pour faire le trajet de deux heures jusqu'à la prison, en emportant quelques objets personnels, dont un Gros Livre et un exemplaire du Grapevine. Après avoir dit à mon ami que selon moi, ce n'était pas son amie ni le juge qui l'avaient écroué en prison, mais le premier verre, je suis revenu à New York pour une réunion à midi.

Plus tard dans la journée, je suis arrêté dans un hôpital de la localité pour visiter un filleul qui s'était interné lui même pour des traitements pour la maniaco-dépression après un an d'abstinence. Cela me semblait un peu étrange d'être dans une unité fermée pour la première fois, mais cela confirme le vieil adage qui dit que lorsque deux alcooliques se réunissent pour parler de rétablissement, c'est une réunion.

Après l'hôpital, j'ai décidé d'aller voir un autre filleul. (Je suis le genre de parrain qui fait des visites à domicile!) Quand j'ai téléphoné, on m'a dit qu'il s'était soûlé le soir précédent. Après avoir amené mon ami qui avait la gueule de bois à une réunion, je suis rentré chez moi pour téléphoner à mon propre parrain pour avoir ses conseils.

Je lui ai dit que je ne croyais pas être prêt pour ce type de parrainage. J'en étais là après avoir visité deux personnes que je parrainais et un autre qui m'appelait son parrain, mais je n'avais pas un seul membre abstinent à mon compte. L'un était en prison; l'autre à l'asile; et l'autre avait la gueule de bois. Qu'est-ce que je faisais de mal?

Mon parrain m'a d'abord dit que dans le parrainage, comme dans tout travail de Douzième Étape, notre objectif premier est de transmettre le message de l'abstinence. Je n'avais fait que cela toute la journée. Il m'a demandé ensuite comment je me sentais à ce moment précis. Je lui ai répondu que je me sentais parfaitement bien. Ça, a-t-il dit, c'est l'autre objectif du parrainage – faire en sorte que le parrain se sente parfaitement bien.

ANONYME
Bronx, New York

Malade mental
Mars 2010

L e polyester peut lui brûler la peau. Des voix l'assaillent. Il se
frappe la tête contre les murs pour les faire taire. Les voix se
vengent et lui infligent de la douleur, intérieurement et exté-
rieurement. En raison de la médication antipsychotique qu'il
prend, il est devenu diabétique de type 2. Il est affreusement
seul ; il est constamment marginalisé. D'instinct, les gens réa-
gissent amicalement avec lui – mais ils vont rarement au-delà de
la poignée de main et d'un sourire. Rarement, sinon jamais, ils
l'invitent à prendre un café ou un repas.

Phil est un malade mental

Quand il m'a demandé de le parrainer l'an dernier, je suis devenu
typiquement arrogant : je suis trop bien pour cela. Je suis abstinent
depuis 30 ans ; je devrais parrainer des acteurs de cinéma.

Je vivais la période la plus douloureuse de mon abstinence. Je
m'étais séparé de ma femme. Je l'avais mariée assez tard. J'avais attendu la bonne personne. J'en étais certain. Avant de faire la grande
demande, j'avais demandé des signes, je les avais eus, j'avais abandonné ma résidence sur la plage à Santa Monica et j'avais déménagé au Canada.

Les réunions en banlieue de Toronto ne ressemblaient pas à celles de Santa Monica. Je préférais l'effervescence de la côte Ouest –
mais je m'étais plus ou moins résigné à cette différence. Peu après le
mariage, j'ai eu une dispute philosophique avec un vieux membre.

C'était tellement sérieux que je ne peux pas me rappeler le sujet
de notre dispute. Ce fut l'excuse dont j'avais besoin pour faire quelque chose que je ne pensais jamais faire : délaisser les AA. Je n'en
avais plus besoin. C'était une voie efficace – mais j'étais rendu plus
loin. J'avais tout entendu : les clichés, l'obsession, les conversations

ignorantes des groupes. Il était malsain pour quelqu'un d'aussi élevé spirituellement que moi de continuer. Il était temps de passer à autre chose.

Je me suis retrouvé avec le syndrome de la fatigue chronique. J'étais exténué et irritable une bonne partie du temps. Plus je restais éloigné des réunions, plus cela augmentait. L'alcoolisme non traité est une prescription pour l'obsession. Je n'avais aucune idée à quel point j'étais dur envers ma femme.

J'étais bien, ou du moins c'est ce que je me répétais. Je méditais trois heures par jour, j'allais porter des livres à la bibliothèque, je visitais les personnes âgées dans des maisons de retraite. J'ai même agi comme mentor pour un garçon d'âge scolaire, et j'ai pensé devenir un Grand Frère. Je m'occupais pleinement de mon état spirituel. Vous ne trouvez pas ? Puis, pourquoi cette femme qui m'avait adoré m'a-t-elle mis à la porte ? Comment avais-je pu ruiner la vie la plus agréable que j'avais connue ?

Il y avait Phil – fraîchement sorti d'un établissement psychiatrique, lourdement médicamenté, très en dehors de la réalité – qui me demandait de le parrainer. Je ne pouvais pas l'aider. Je n'étais pas psychiatre. Qu'est-ce que je savais de la complexité de la maladie mentale ? De plus, j'étais trop occupé, trop important.

J'étais abstinent depuis assez longtemps pour être mieux avisé. Dieu m'avait toujours donné exactement ce dont j'avais besoin pour passer à travers des périodes difficiles. Cette fois-ci, par contre, j'étais convaincu que c'était différent. J'avais tourné le dos au programme qui m'avait sauvé la vie. J'avais détruit un mariage et blessé une femme que je disais adorer. J'étais un parfait idiot. Je ne méritais pas d'aide.

J'étais tellement déprimé que je ne pouvais pas m'imaginer comment un homme comme Phil – à ce point déprimé et à ce point troublé – pouvait être autre chose qu'un fardeau. Nous parlions en monosyllabes, en ânonnant plutôt. Je n'aimais pas cela. Donc, j'ai fait le strict minimum : je l'ai amené aux réunions, nous allions parfois prendre un café ou un repas. Je nous rendais un mauvais service à tous les deux. Il souffrait beaucoup plus que moi, et je le tenais à distance. Je ne retirais rien de cette relation, car je n'investissais rien. Dieu m'avait fourni la colle nécessaire pour me reconstruire – mais je refusais de presser le tube.

Récemment, pendant ma méditation, j'ai eu une révélation. Je me débattais pour surmonter les effets secondaires de cette maladie – douleur intense et faible concentration, essayant de garder la tête haute – et j'étais sur le point de laisser tomber quand j'ai supplié Dieu : « S'il vous plait, aide-moi à ignorer ce mal et à me sentir près de toi ».

La réponse est venue aussitôt (du moins, je le crois) : « Si tu me veux, tu dois être sincère ». J'ai serré les dents, je me suis assis plus droit et j'ai rassemblé tout l'amour que je pouvais. En quelques minutes, la douleur avait diminué, je pouvais à nouveau me concentrer, et j'étais baigné dans un océan de grâce.

Peu après, j'ai amené Phil à une réunion. Son taux de sucre était très élevé. Il ne pouvait pas demeurer tranquille. Il suait, avait des soubresauts, haletait. Ses voix l'ont assailli totalement. Je l'ai amené à l'extérieur de la réunion en pleurs. J'ai soudain compris que peu importe à quel point j'avais souffert, peu importe à quel point il était difficile d'être avec lui, si je devais être son parrain, je devais le vouloir. Je devais être « prêt à tout ».

J'ai commencé par l'amener faire de longues marches, aller au concert, prendre de vrais repas. En peu de temps, le fardeau a disparu et une franche amitié s'est développée. Les monosyllabes se sont transformés en phrases, les phrases en conversations. Nous avons commencé à rire – à rire beaucoup. Je lui ai suggéré de se procurer un vélo. Il était ravi de sa liberté retrouvée, l'exercice qui produit de l'endorphine. J'étais heureux de constater la transformation, du zombie gris terne qu'il était en gars bronzé. Tout le monde remarquait à quel point il avait l'air bien.

D'une certaine façon, j'étais le malade mental. Je me privais de la grâce de Dieu, la grâce qui nous enveloppe quand nous allons en prison pour transmettre le message, ou quand nous serrons la main de l'homme tremblant sur le lit dans une chambre sombre imprégnée d'une odeur fétide. Cette même grâce entoure en abondance le malade mental.

Qu'ils soient médicamentés ne signifie pas qu'ils ne souffrent pas autant que moi. Simplement, parce qu'ils sont un peu déconnectés de la réalité ne signifie pas que les Étapes ne fonctionneront pas pour eux. Est-ce que j'étais bien dans la réalité quand j'ai franchi les portes ?

Non seulement Phil a-t-il été revigoré en faisant une deuxième fois les Quatrième et Cinquième Étapes, il est devenu un pro de la Dixième Étape. Il a canalisé sa maladie mentale en bien-être : il a régulièrement écrit ses peurs et me les a lues. Il a commencé à marcher, admettant des difficultés et ses défauts qu'il niait il y a à peine quelques mois.

C'est toujours un ivrogne qui parle à un autre ivrogne. Qu'est-ce que cela peut faire s'il n'y a que deux personnes dans la salle, trois ou quatre voix qui cherchent à se faire entendre ? Nous arrivons tous à nous sentir mieux.

Travailler avec Phil a fait toute la différence. Il m'a aidé à travers les pires moments de mon agonie. Bien sûr, parfois, c'est difficile. Je me reproche d'avoir délaissé le programme, et mon incapacité à surmonter cette maladie physique, à minimiser des défauts et à me penser mieux que tout le monde. Ma femme me manque et je suis terriblement seul – mais rien de cela ne me blesse autant qu'auparavant. Si cela arrive, je sais quoi faire. Je prends le téléphone et j'appelle Phil.

DUANE T.
Hamilton, Ontario

CHAPITRE SIX

AUCUNE GARANTIE

La douleur de perdre un parrain ou un filleul aimé

Quand il semble que l'amour ne soit pas suffisant, je me rappelle que c'est tout ce que j'ai à donner, à part mon expérience, ma force et mon espoir. « Pour certains, l'amour peut ne pas suffire », écrit l'auteur de « Hors de ma portée », après qu'un filleul eut décidé de recommencer à boire et en soit mort.

Ce n'est pas toujours le filleul qui prend de l'alcool. « Je ne peux pas croire que l'homme qui m'a guidé vers les Étapes dans un nouveau mode de vie est retourné boire. J'ai eu l'impression qu'on m'a menti et trahi », a dit l'auteur de « Quand mon parrain a repris de l'alcool ». « À la fin, j'ai compris que je n'avais pas été trahi. Plutôt, j'ai appris une leçon importante : personne n'a l'assurance d'être abstinent pour toute la vie ».

Le lien du parrainage peut être très étroit et perdre un parrain ou un filleul que l'on aime à cause de l'alcool ou parce qu'il meurt est déchirant. Ces histoires illustrent comment utiliser le programme pour faire face à une perte et vivre sans alcool.

Hors de ma portée
Mai 2009

J'aime travailler avec les jeunes, même si je ne suis pas devenu abstinent avant 40 ans. Je regrette d'avoir été ivre pendant tant d'années et je compense en aidant d'autres personnes à devenir abstinentes – et à le rester – avant qu'elles ne gaspillent une grande partie de leur vie à boire. Pour moi, cela est sensé. Dieu met sans cesse des jeunes sur mon chemin ; ils me demandent toujours de les parrainer, et je dis toujours oui. Cela semble fonctionner la plupart du temps. Par contre, je ne peux pas m'empêcher de me poser des questions sur tous ceux de qui je n'ai pas encore eu de nouvelles.

Un homme m'a demandé d'être son parrain quand il avait 19 ans. Il montrait beaucoup de bonne volonté et il faisait de grands progrès – les choses se dessinaient bien – jusqu'au jour où il m'a dit qu'il avait décidé qu'il n'avait pas de problème d'alcool et qu'il délaissait le programme. Mon cœur a saigné, car j'avais entendu son histoire. Il ne le savait peut-être pas, mais je la connaissais. Il est dit dans le Gros Livre : « Nous n'aimons pas dire de quelqu'un qu'il est alcoolique ». Il n'est pas dit que nous ne le pouvons pas ou que nous ne savons pas comment. Dans ce cas, je ne l'ai pas fait.

Je ne lui ai pas dit qu'il était un alcoolique. J'ai fait la seule chose à laquelle je pouvais penser. Je lui ai dit de me téléphoner – ivre ou à jeun – pour me donner de ses nouvelles, que je me soucierais toujours de lui et que je serais là pour lui quand il voudrait reprendre l'ascenseur pour sortir de l'enfer. Je lui ai dit de se rappeler que je voulais l'aider s'il le voulait.

Six mois plus tard, je suis allé à ses funérailles. Il a été tué dans un accident en état d'ébriété. Sa famille était dévastée. J'étais terrassé. Des questions surgissaient dans ma tête comme une tornade : Avais-je fait tout ce que j'aurais pu ? Aurais-je dû lui téléphoner au lieu d'attendre qu'il me téléphone ? Aurais-je dû communiquer avec sa famille ? Pourquoi Dieu prenait-il un garçon de 20 ans alors qu'il m'a laissé boire pendant 25 ans ? Puis, je me suis rappelé quelque chose que mon premier parrain m'avait dit.

« Ce n'est pas toi qui les rends abstinents, a-t-il dit, c'est Dieu. Ton travail consiste uniquement à être prêt à ce que Dieu t'utilise comme son prolongement ». Cela m'a aidé, mais ce n'était pas assez. Ce drame s'était produit trop près de moi.

J'ai plastifié son annonce de décès. Je l'ai placée dans un endroit très en vue, afin de ne jamais oublier à quel point il est facile de descendre dans l'ascenseur – combien il est facile de croire que je pourrai descendre juste quelques étages de plus. Je veux me rappeler que certains ascenseurs sont défectueux. Les câbles peuvent briser et les freins peuvent manquer. Ils pourraient ne pas m'offrir un moyen d'en sortir. Je pourrais finir par accélérer ma mort sans aucune Étape en vue.

Je veux me rappeler cela pour moi-même, surtout quand quelqu'un que je connais décide de retourner boire. Je veux qu'il sache que je serai là, mais qu'il n'aura peut-être pas la chance de revenir ; le premier verre pourrait bien être son dernier. Je veux l'aimer assez pour lui casser assez les oreilles afin que – espérons-le – je puisse lui dire quelque chose qui l'aiderait à changer d'idée. Je veux lui montrer l'amour que l'on m'a donné, car c'est par l'amour que nous commençons à guérir.

Quand il semble que l'amour ne suffise pas, je me rappelle que c'est tout ce que j'ai à donner, en plus de mon expérience, de ma force et de mon espoir. Pour certains, l'amour peut ne pas suffire. J'espère que l'histoire de Jimmy suffira. J'espère que mon filleul n'est pas mort en vain.

MARK E.
Lansing, Michigan

Quand mon parrain a bu
Février 2009

Comme de nombreuses leçons sur l'abstinence, mettre des membres des AA sur un piédestal est une chose dont je n'ai pas compris tous les enjeux au début. J'avais mis les alcooliques en rétablissement sur un piédestal même avant de me retrouver chez les AA. Mon père, par exemple, avait été abstinent douze ans avant que je le rejoigne dans les réunions, et étant donné son horrible bataille avant qu'il entre chez les AA, j'étais certain qu'il était un miracle ambulant.

Je suis devenu abstinent quelques années plus tard, après de nombreux problèmes physiques, émotionnels, spirituels et juridiques causés par l'alcool. Il m'avait alors été suggéré de me trouver un parrain qui avait fait les étapes et qui avait un mode de vie que j'aurais aimé. J'ai trouvé quelqu'un qui semblait répondre à ces critères, et nous avons rapidement entamé un dialogue quotidien qui l'a amené à me guider dans chacune des Douze Étapes.

Les semaines se sont transformées en mois et nous nous voyions régulièrement dans les réunions, nous analysions les chapitres du livre, et nous assistions à diverses activités des AA dans notre état. Je l'écoutais attentivement quand il insistait sur la prière et sur la gratitude pendant que j'établissais mes bases et que je faisais un inventaire personnel. J'ai terminé ma Cinquième Étape avec lui et nous avons poursuivi vers les Huitième et Neuvième Étapes avec les conseils désintéressés de cet homme pour qui j'avais un immense respect et que je vénérais.

Mon parrain et moi nous rencontrions toutes les semaines pendant que je commençais à intégrer un inventaire quotidien dans mon abstinence, et que je l'écoutais décrire sa propre expérience sur la méditation. En arrivant à la Douzième Étape, mon parrain m'a demandé de faire une rétrospective du voyage que nous avions fait ensemble, et de me tourner vers d'autres pour donner ce que j'avais reçu.

J'étais très énergique à propos de l'abstinence et plus que désireux de parler à des nouveaux. J'ai commencé à travailler étroitement avec de nouveaux membres des AA alors que d'autres domaines de ma vie commençaient à devenir occupés.

C'est alors que j'ai appris que mon parrain avait pris un verre.

J'étais sidéré. Je ne pouvais pas croire que l'homme qui m'avait guidé vers les Étapes et vers un nouveau mode de vie avait repris de l'alcool. Je me sentais lésé et trahi. J'avais vu des personnes retourner vers l'alcool depuis que j'étais dans ce programme, mais dans le cas de mon parrain, je me sentais personnellement malade de frustration et d'incompréhension.

Après en avoir parlé à d'autres, on m'a fait prendre conscience que l'abstinence n'était pas garantie pour la vie, et on m'a dirigé à la page 96 du Gros Livre, où il est question du sursis quotidien de l'alcoolisme et l'importance de maintenir notre forme spirituelle tous les jours.

À la fin, j'ai compris que je n'avais pas été trahi. Plutôt, j'ai appris une leçon importante : personne n'a l'assurance d'être abstinent pour toute la vie, et mettre quelqu'un sur un piédestal peut s'avérer dangereux pour moi et pour l'alcoolique que j'admire.

DAVID J.
Grand Rapids, Michigan

Chaque seconde compte
Février 1998

J'ai aimé toutes les femmes que j'ai marrainées, et j'ai toujours appris des leçons précieuses de chacune d'elles, aucune plus importante que les leçons apprises d'une femme qui s'appelait Rose.

Rose, une Italienne catholique, était une personne chaleureuse et aimant la compagnie, qui est devenue abstinente à cinquante ans. Elle est venue à moi tout droit du centre de traitement et m'a demandé d'être sa marraine. Il était évident qu'elle avait fait la Première Étape et nous avons étudié rapidement les deux autres. Elle avait tellement hâte d'avancer que nous avons discuté la planification de sa Quatrième Étape. Elle m'a téléphoné le jour suivant et nous nous sommes rencontrées pour le lunch. « Est-ce que ce que je fais est bien ? » a-t-elle demandé, en sortant une liasse de papier de son sac.

Elle a lu et j'ai écouté. Elle avait un bon début. Je lui ai dit : « Quand as-tu fait tout cela ? Je croyais que tu avais une très longue journée de travail hier ».

« C'est vrai, a-t-elle répondu, mais c'était important et j'ai travaillé sur cela plutôt que de manger ».

J'étais impressionnée. Elle avait déjà traité d'une grande partie de son enfance et de ses premières années d'école. Je lui ai expliqué qu'elle devait aussi dormir et manger, car elle avait besoin d'être alerte au travail – elle était anesthésiste.

Rien ne pouvait l'arrêter. Elle a téléphoné à quelques reprises encore pour des réunions à l'heure du lunch, et en très peu de temps, nous avions terminé la Cinquième Étape et nous travaillions sur les défauts qui étaient ressortis à la Quatrième Étape. Sa demande d'assimiler autant du programme des AA qu'il était humainement possible devenait pour moi une tâche presque difficile, mais je suis aussi entêtée, et je me sentais grandir à travers cela.

Rose était radieuse. Elle l'avait – il n'y avait aucun doute. Quand elle a partagé dans les réunions, c'était comme si nous entendions une personne qui avait beaucoup d'années d'abstinence. Elle a dit que c'était en raison de toute la thérapie qu'elle avait eue avec le temps. Nous nous amusions à élaborer ses plans pour les Huitième et Neuvième Étapes.

Un jour, elle m'a annoncé qu'elle avait un nouveau parrain, un prêtre. Elle devait avancer spirituellement et elle voulait plus que ce que je pouvais lui donner. J'étais accablée au début, mais après en avoir parlé avec mon mari (mon parrain en temps de grande crise), j'ai compris que je ne pouvais rien faire d'autre que de laisser Rose suivre sa voie. J'acceptais en apparence, mais parfois, je grinçais des dents, j'ai finalement compris que je ne pouvais pas être la marraine de tout le monde et que j'avais d'autres filleules qui avaient besoin de moi.

Aux réunions auxquelles nous assistions, je remarquais un changement réel chez Rose. Sa beauté intérieure et sa paix d'esprit semblaient se refléter en permanence sur son visage. Elle a commencé à marrainer des personnes. Ses enfants ont déménagé en ville juste pour être plus près d'elle et l'un d'eux fait même partie d'un programme de rétablissement. Son travail a pris une nouvelle dimension. Bref, elle est devenue un modèle AA – tout cela en l'espace de dix-huit mois, et en grande partie sans mon aide.

J'ai un peu boudé. Mon propre fils était encore actif. Mes finances étaient un désastre. Je me suis dit : « Pourquoi, mon Dieu ? Pourquoi est-ce que je n'ai pas ce qu'a Rose ? J'ai travaillé pendant cinq longues années dans ce programme et j'ai essayé de faire de mon mieux avec les Étapes ». Je n'ai pas eu de réponse.

Par contre, je savais que mes prières étaient teintées d'envie, et j'ai donc commencé à prier pour Rose comme j'avais prié pour d'autres personnes contre qui je faisais du ressentiment.

Un jour, le téléphone a sonné et c'était une de mes amies dans le Mouvement qui était infirmière aux soins intensifs. Elle a dit : « J'ai pensé que tu voudrais savoir que Rose est ici – elle est mourante. Elle a été victime d'une attaque cérébrale au travail il y a environ une heure. Ses enfants sont ici. Je ne peux pas le croire ».

Je me suis assise, ébahie, près du téléphone. J'ai compris que Rose avait reçu ce dont elle avait besoin quand elle en avait besoin. Elle avait suivi un cours accéléré chez les AA parce qu'elle n'avait pas le temps d'accumuler des années et des années d'expérience. J'ai prononcé un éloge funèbre à ses funérailles et j'ai dit adieu une dernière fois à mon amie. J'ai aussi dit adieu à l'envie – même des choses spirituelles.

MINDY S.
LaBelle, Floride

Un filleul qui durcit le ton (Extrait de Dear Grapevine)
Septembre 2007

Je suis abstinent depuis plus de vingt ans. Je suis entré chez les AA après avoir connu le bas fond – ou du moins, je le pensais. Après dix-huit ans d'abstinence, j'ai atteint le plus grand des bas-fonds, abstinent.

La perte de mon entreprise et de mon mariage m'a presque rendu fou. J'ai cessé d'aller aux réunions après avoir été blessé dans mon amour-propre. J'ai aussi congédié mon parrain et mes filleuls.

J'ai suggéré à mes filleuls des personnes qui seraient de bons parrains. Un filleul ne semblait pas faire d'effort pur se trouver un autre parrain et un jour, je lui ai demandé s'il avait quelqu'un en tête. Il m'a regardé et m'a dit : « Je ne cherche pas un autre parrain. J'attends que tu te prennes en main et que tu reviennes finir le travail que tu as commencé ».

Décidément, ce fut une leçon d'humilité pour l'ivrogne que je suis. Cela m'a réveillé assez pour comprendre qu'il n'y a pas de plus grand amour que celui d'un alcoolique pour un autre.

BRIAN B.
Astoria, Oregon

Un dernier souhait
Décembre 2000

J'ai passé mes journées d'alcoolisme en solitaire et en femme qui faisait les choses à sa façon, sans règles ni conventions. J'ai conservé cette approche de la vie au début de mon abstinence. En conséquence, j'avais trois ans d'abstinence avant de décider de faire les Étapes.

Au moment où j'en suis arrivé à la Cinquième Étape, j'ai compris que je ne pouvais plus continuer sans une marraine. Mais qui choisir ? J'avais passé une si grande partie de ma vie en solitaire ; je ne pouvais pas m'imaginer demander à quiconque d'être ma marraine, encore moins admettre mes défauts.

J'ai cherché dans mon groupe d'attache un homme ou une femme avec qui je pourrais être assez à l'aise pour parler des vraies choses. J'avais encore de la difficulté à tendre la main et à communiquer. Un soir, j'ai décidé de demander à Ben d'être mon parrain et de m'aider à faire la Cinquième Étape. Ben semblait avoir la compréhension, la chaleur et l'humour que je recherchais.

Il a accepté de m'aider à faire la Cinquième Étape et d'être mon parrain, au moins temporairement. Plus tard dans la réunion, on a demandé à Ben de partager.

Quand il a parlé, il a mentionné quelque chose au sujet de son état de santé que j'ignorais : Ben avait reçu le diagnostic du SIDA. J'ai d'abord pensé : « Pauvre Ben, il a une maladie effroyable, et je lui demande de me tendre une main secourable. Ce devrait peut-être être à moi de lui tendre la main ». Je n'avais pas encore appris le principe « Le service est sa propre récompense ». J'ai rapidement compris que Ben pouvait s'aider grandement en étant constamment au service des autres.

Après avoir admis la nature exacte de mes torts à ma Puissance supérieure, j'ai pris rendez-vous pour en discuter avec Ben. J'ai continué à faire les Étapes des AA à partir de là.

L'année suivante, Ben m'a remis mon gâteau de quatre ans, et j'ai continué de grandir dans le programme. J'en suis venue à faire confiance à la force de Ben, ainsi qu'à ma propre force et à celle d'autres personnes. Huit mois plus tard, j'ai reçu un téléphone concernant Ben : sa santé s'était soudain détériorée de façon inattendue. Après le travail le lendemain, je me suis dirigée tout droit à l'hôpital. De son lit, et d'une voix faible, Ben m'a demandé comment je m'en tirais avec mes objectifs dans le programme. Il était sincèrement intéressé. Bien qu'il allait mourir dix jours plus tard, l'espoir puissant de Ben pour ses filleuls, et pour tous les membres, ne s'est jamais éteint.

Pendant la première semaine après le décès de mon parrain, je n'avais que deux sentiments : la tristesse et la confusion. Puis, avec l'aide des autres, je me suis souvenue du seul souhait de Ben pour moi – que je continue à suivre le programme et que je sois heureuse. Par son exemple, j'apprends à vivre chaque jour plus intensément, et à profiter de la vie, « un jour à la fois ».

ANONYME
Vancouver, Colombie-Britannique

La petite vagabonde
Mars 1993

L asse d'essayer de survivre, malade physiquement de ma dernière cuite, et tellement instable côté finances que je vivais dans mon auto au plus fort de l'hiver, je me suis retrouvée dans ma première réunion des Alcooliques anonymes. L'endroit était chaud, le café aussi, et il était gratuit, et j'avais une peur épouvantable. La salle était remplie de personnes qui parlaient toutes en même temps, qui riaient et qui s'embrassaient. J'ai d'abord pensé qu'ils ne se voyaient pas très souvent.

Pendant que j'essayais de me frayer un chemin dans un coin (pour protéger mon dos), une femme est apparue devant moi. Elle m'a dit son nom et m'a demandé le mien. J'avais tellement peur que je lui ai donné l'un de mes surnoms. Elle a dit : « Tu es l'être humain le plus pathétique et déchu à ma connaissance, alors viens t'assoir avec moi. » J'avais trop peur de refuser. Elle m'a dit : « Quand ils demandent s'il y a des nouveaux tu te lèves et tu leur dis qui tu es et ce que tu es ». Quand je lui ai demandé « Qui suis-je ? », elle m'a suggéré de dire que je suis alcoolique jusqu'à ce que nous puissions le savoir.

C'est ainsi qu'a débuté ma relation avec Dessie, ma première marraine. Après trois mois sans boire, à aller aux réunions et à partager des bouts de ma vie avec elle, je lui ai finalement dit mon vrai nom. Elle a ri et m'a dit que le nom que j'utilisais n'était pas important, et à partir de ce jour, elle m'a appelé sa « petite vagabonde », puisque de me déplacer dans des trains de marchandises faisait partie de mon histoire.

À six mois, j'ai eu une rechute et elle était là pour me ramener aux réunions. Elle m'a dit qu'elle n'avait jamais eu honte de moi ni des choses que j'avais faites ou que je continuais de faire. Chaque fois que je lui demandais pourquoi elle m'aimait encore, elle répondait toujours : « C'est la raison pour laquelle Dieu m'a placée ici ».

Pendant ma deuxième tentative à demeurer abstinente, elle m'a aidée à retourner au collège. Elle était là pour moi quand ma mère est décédée en mars, et elle a pleuré de joie quand j'ai eu mon diplôme avec un baccalauréat en sciences infirmières en mai. Puis, ce fut la tragédie.

À peine huit jours après l'obtention de mon diplôme, j'allais avec deux autres membres chercher quelqu'un pour l'amener à une réunion quand un dix-huit roues nous est passé dessus. J'étais dans un état si critique que le seul médecin qui a accepté de me soigner vivait dans le village de ma marraine.

Encore une fois, elle était là pour moi. Pendant les neuf mois où j'ai été hospitalisée, elle est venue tous les jours. Mon visage était défiguré et il a fallu de nombreuses chirurgies pour le reconstruire. Six mois après l'accident, les médecins m'ont dit que je ne pourrais plus jamais exercer mon rôle d'infirmière en raison des dommages physiques.

J'ai planifié ce qui allait être ma dernière cuite. Je suis sortie de l'hôpital trente minutes avant que ma marraine vienne me chercher pour un congé de week-end.

Au moment où elle m'a trouvée, je buvais depuis plusieurs heures. Elle m'a ramenée chez elle, puis à une réunion. Quand je lui ai dit à quel point je souffrais, elle m'a dit une chose que je n'ai jamais oubliée : « Seigneur ! j'espère que cela fait mal comme en enfer, car si cela fait assez mal, tu n'auras jamais plus à agir de la sorte ». Ce fut mon dernier verre – le 16 novembre 1982.

En février 1983, ma marraine est venue un matin prendre un café et parler. Elle m'a dit qu'elle voulait m'annoncer en personne que les médecins lui avaient trouvé un cancer et qu'ils allaient bientôt l'opérer. J'étais très en colère après Dieu, et elle m'a dit : « Dieu ne m'a pas donné le cancer. Cela fait partie de la vie. De plus, il n'a fait que te prêter à moi et moi à toi temporairement. »

Les neuf mois suivants se sont passés en plusieurs chirurgies, chimiothérapie, et de nombreux jours et nuits, assise à l'extérieur des soins intensifs pour la voir à peine quelques minutes. J'ai fait plus de réunions pendant cette période que pendant toute autre période de mon abstinence.

Deux jours avant que je célèbre une année d'abstinence, j'étais assise à l'extérieur des soins intensifs en attendant de lui rendre visite quand son mari est sorti et m'a dit : « Dessie et moi en avons parlé, et nous avons convenu que tu peux entrer et rester avec elle. Nous avons fait nos adieux et maintenant, elle voulait seulement être avec sa "petite vagabonde" »

J'ai pu rester avec elle pour les trois jours suivants, jusqu'à ce qu'elle nous quitte pour de bon. J'ai peine à écrire cela même maintenant, car les larmes m'aveuglent.

L'amour inconditionnel que m'a donné ma marraine est toujours dans mon cœur. À toutes les femmes que j'ai l'honneur de marrainer, je vous transmets les nombreux enseignements qu'elle m'a donnés, et ce faisant, le cercle demeure intact.

REGINA M.
Charleston Nord, Caroline du Sud

Ils ne reviennent pas tous (Extrait de Dear Grapevine)
Octobre 2009

Merci beaucoup pour l'histoire « Hors de ma portée » (mai 2009) écrite par un parrain dont le jeune filleul a fait une rechute et a été tué dans un accident en état d'ébriété.

Moi aussi, je marraine quelques jeunes. L'une de mes filleules est venue vers moi et m'a avoué qu'elle avait fait une rechute, même après que nous avions discuté en long et en large de personnes âgées, d'endroits et de choses. Elle m'a souligné qu'elle était jeune et qu'elle pourrait revenir n'importe quand.

C'est à ce moment-là que l'article m'est venu à l'esprit. J'ai pris l'histoire, l'ai mise devant elle et lui ai dit de la lire.

Puis, je lui ai donné un crayon et du papier format légal – afin qu'elle puisse dire dans ses propres mots ce qu'elle voulait que je dise à sa famille, à ses amis et à ses frères et sœurs AA si elle ne pouvait pas revenir. Ils auraient tous voulu savoir pourquoi et je ne pouvais pas les laisser sans réponse.

Après une longue discussion, elle comprend maintenant qu'une marraine, c'est plus que de lui raconter nos méfaits après coup. Cet article nous a ouvert les yeux à toutes les deux. Nos téléphones fonctionnent dans les deux sens, presque tous les jours.

MISS KAY
Murray, Kansas

Marraine inflexible (Extrait)
Novembre 2008

Je tenais la main de Ruby Ann quand elle a rendu son dernier souffle. Elle était dans une maison de repos au Mississippi, son état natal. Elle avait déménagé au Mississippi un an plus tôt, même si elle n'y avait plus de famille ni d'amis pour régler sa succession. Après y avoir séjourné quatre mois, on a diagnostiqué un cancer terminal.

J'ai pris l'avion de la Californie pour être avec elle pendant quelques semaines, pour essayer de l'aider. Je devais prendre encore cinq autres vols pour être avec elle, une ou deux semaines à la fois. J'ai pleuré le jour où j'ai finalement dû la placer dans une maison de repos. Elle n'y est restée que seize jours.

Elle était ma première marraine – inflexible, mais aussi d'une gentillesse exquise. À deux ans et demi d'abstinence, j'ai fait une Cinquième Étape très complète avec elle. Quand j'ai eu fini, elle m'a regardée, a souri et dit : « Petite, tu n'étais pas tellement bonne dans ta méchanceté ». Cela venait d'une femme aux cheveux blancs qui ne mesurait pas tout à fait cinq pieds, et qui, à un certain moment, m'avait testé pour savoir jusqu'où j'irais pour rester abstinente.

Notre échange de lettres est précieux. J'ai conservé les lettres. J'ai tout un livre « d'adages » importants tirés des lettres de Ruby Ann, et je les lis périodiquement pour obtenir de l'inspiration. Même à la fin, sa souffrance du cancer lui a fait dire : « La douleur rend amère ou meilleure, selon à quel point on est près de Dieu ».

Le jour où elle a rendu son dernier souffle, j'ai allumé une bougie à l'odeur de jasmin près de son lit et je lui tenais la main en chantant sans cesse : « Plus près de toi mon Dieu », tout en pleurant à chaudes larmes. Caché dans toutes ces émotions, il y avait l'amour intense qu'elle m'a apporté pour les autres et pour l'humanité.

Finalement, elle a dit : « Nous ne comprenons simplement pas à quel point nous sommes chanceux ! Nous avons connu les AA avant de détruire complètement notre capacité d'adaptation – ouf ! – certains d'entre nous l'ont échappé belle. Mon Dieu, mon Dieu, combien nous sommes bénis ! »

HELEN W.
Napa, Californie

UN SANCTUAIRE

Le rétablissement avec l'aide de parrains, à l'intérieur comme à l'extérieur de la prison

L es personnes et les groupes ne devraient pas et ne peuvent pas se permettre de perdre de vue l'importance du parrainage, l'importance de s'intéresser particulièrement à un alcoolique en prison qui veut cesser de boire et acquérir une sobriété mentale », écrit un membre des AA incarcéré dans l'histoire « Un membre détenu donne de bons conseils sur ce qu'il faut faire et ne pas faire » « Le parrainage par un vieux routier peut signifier beaucoup pour une personne en prison. »

Pour certains, c'est le travail qu'ils ont fait avec leurs parrains avant de se retrouver en prison qui a fait la différence. L'auteur de « Quelqu'un à aider » a dit : « J'étais abstinent depuis cinq mois et je faisais la Neuvième Étape quand j'ai pris conscience que j'irais probablement en prison. Mon parrain m'a dit : "Peut-être Dieu a-t-il besoin de toi pour aider quelqu'un en prison"... Je ne sais pas si j'ai trouvé la personne que Dieu voulait que j'aide, mais je partage mon expérience, ma force et mon espoir avec tous ceux que je rencontre. »

Les histoires dans ce chapitre parlent de trouver un parrain en prison, ou de parrainer quelqu'un à l'intérieur. Apprenez comment cette expérience particulière des AA les a aidés à se rétablir.

Quelqu'un à aider

Juillet 2009

Il semble que peu importe ce que j'ai fait pour cesser de boire, cela ne fonctionnait pas. J'avais déjà été abstinent, j'avais fait les Étapes, des centres de traitement, la prison, des réunions. Puis, j'ai demandé à quelqu'un de me parrainer. Je savais qu'après qu'il aurait dit oui, il faudrait faire les Étapes, et il a accepté. Dieu a mis le parrain parfait sur mon chemin ; je ne lui avais pas encore demandé. Mon parrain a dit que les AA ne s'adressaient pas aux personnes qui en avaient besoin, ou à celles qui le voulaient ; il s'adressait aux personnes qui étaient prêtes à faire le travail nécessaire pour l'avoir. Il a dit : « Si tu es prêt à faire le travail nécessaire pour faire les Étapes et aller aux réunions et trouver un groupe d'attache, je vais te parrainer ». Je ne croyais pas vraiment que faire les Étapes avec un parrain changerait ma vie et ma façon de penser, ou éveillerait une passion comme celle que j'ai eue. Il a décrit le Gros Livre et les Étapes de façon simple, comme personne ne l'avait jamais fait avant. Je faisais mieux que je ne l'avais fait depuis des années. J'ai confié ma vie à Dieu.

D'un autre côté, j'avais entendu tout cela avant. C'était simplement incroyable. En premier, il a expliqué pourquoi le Gros Livre avait été publié : afin qu'un alcoolique puisse avoir assez de pouvoir pour ne pas avoir besoin de boire. C'est assez particulier pour un gars qui était sans abri, qui assistait à des réunions et qui ne pouvait pas cesser de boire. Mais cela m'a frappé de front.

Deuxièmement, il m'a enseigné à transmettre le miracle. Mon parrain m'a guidé à travers les Étapes comme Dr Bob le faisait avec ses filleuls, l'une après l'autre. Une chose incroyable m'arrivait. J'étais abstinent depuis cinq mois et je faisais la Neuvième Étape quand j'ai pris conscience que j'irais probablement en prison. Au début, mon avocat a dit : « Ne t'inquiète de rien ». Les choses changent rapidement. Mon parrain m'a dit : « Peut-être Dieu a-t-il besoin de toi pour aider quelqu'un en prison ».

Je suis en prison depuis dix mois, et j'ai encore la passion des AA et des Étapes des Alcooliques anonymes. Je ne sais pas si j'ai trouvé la personne que Dieu voulait que j'aide, mais je partage mon expérience, ma force et mon espoir avec tous ceux que je rencontre.

Si Dieu le veut, en décembre prochain, je verrai mes amis AA à l'extérieur. Si je n'avais pas fait les Étapes avec mon parrain avant de venir en prison, personne ne peut dire où serait ma vie à l'heure actuelle.

DIRK S.
Perry, Floride

Donner un sourire
Juillet 2006

En 1997, j'ai écopé de douze à quinze ans de prison comme résultat direct de mon alcoolisme. Le manque de contrôle de ma vie était horrifiant. J'étais désespérée et j'étais tombée si bas que je n'aurais jamais cru que ma vie pourrait être différente. Je voulais changer, mais je ne savais pas ce dont j'avais besoin.

J'ai commencé à boire à douze ans. L'alcool comblait un vide en moi et me donnait le courage de m'intégrer. Mes années de buveuse ont été dominées par le chaos et de sérieuses conséquences. C'était devenu normal. C'était normal et coutumier de me retrouver dans des prisons et des établissements. C'était normal de mentir, de tricher et de voler.

J'ai perdu ma famille et mes enfants, et j'ai utilisé mes amis et j'en ai abusé. Je me suis retrouvée sur mon lit de mort plus souvent que je peux le dire. Je voulais désespérément mourir, mais quelque chose me retenait. Même après avoir été en prison pendant quatre ans et demi, je n'étais pas encore convaincue d'avoir un problème d'alcool. Rongée par le ressentiment, je croyais que tout cela était la faute du juge !

C'est seulement après que la maladie de l'alcoolisme a atteint quelqu'un que j'aimais que j'ai consenti à changer ma propre vie. Cette personne, c'était mon fils, qui a failli mourir d'un accident d'automobile parce qu'il conduisait en état d'ébriété. Finalement, j'ai compris. Mon fils était couché sur un lit d'hôpital quelque part et j'étais en prison, enfermée et non disponible.

J'ai commencé à assister aux réunions dans l'unité. J'ai remarqué quelque chose à propos des marraines qui venaient de l'extérieur. Elles souriaient et avaient une sérénité que je ne pouvais que rêver d'avoir. Moi aussi, je voulais avoir un vrai sourire, et je voulais connaître la paix. Par contre, j'avais une peur bleue. Je me présentais aux réunions, je m'assoyais dans un coin et je ne bougeais pas. Je voulais aller vers les autres, mais la honte, la culpabilité et la faible estime de moi m'en empêchaient.

L'une des marraines est venue vers moi. Elle s'est assise à mes côtés chaque fois qu'elle venait aux réunions. Elle prenait le temps de me parler après les réunions. J'ai commencé à me sentir plus confiante. Cela faisait tellement longtemps que quelqu'un qui menait une vie normale avait accepté de passer du temps avec moi. J'ai finalement posé la grande question : voudrais-tu être ma marraine ? Elle a répondu : « J'ai cru que tu ne le demanderais jamais ». Nous avons fait les trois premières Étapes. J'étais prête à faire tout ce qu'elle suggérait.

On m'a transférée dans une autre unité. Même si j'étais encore remplie de peur, je savais que les AA fonctionnaient pour moi. J'avais admis que je ne pouvais pas boire sans danger. J'en suis venue à croire que quelque chose de beaucoup plus puissant que moi pouvait me rendre la raison. J'avais de l'espoir. J'ai décidé de laisser Dieu diriger ma vie. J'ai trouvé les réunions des AA dans la nouvelle unité où je logeais. Une marraine seulement est venue de l'extérieur, et elle était occupée avec d'autres filleules.

J'avais décidé de terminer les Étapes. J'ai travaillé sur ma Quatrième Étape – seulement moi, Dieu et le Gros Livre. J'ai écrit pendant des mois et des mois, jusqu'à ce que je me sente prête à faire la Cinquième Étape. Même si je n'avais pas encore de marraine, j'avais accès aux conseillères qui travaillaient là. J'ai demandé à quelqu'un si elle connaissait une personne avec qui je pourrais faire ma Cinquième Étape. La conseillère m'a jumelée avec une de ses amies, qui, par hasard, était membre des AA. J'avais déjà décidé de ne jamais lui dire certaines petites choses, ni à elle ni à personne d'autre. Je croyais que personne ne comprendrait. Après lui avoir révélé mes sombres secrets cachés, j'avais décidé de ne jamais la revoir. J'avais l'intention de lui dire ce qui ne faisait pas trop mal et de garder le reste en moi, ignorant que cela continuerait de me rendre malade. Mais ma Puissance supérieure avait d'autres vues. Ce jour-là, j'ai tout dit. Nous sommes restées dans un petit bureau pendant des heures à revoir mon passé. Ce fut l'expérience la plus merveilleuse que je n'ai jamais connue.

Cette femme que je ne voulais plus jamais revoir est devenue ma marraine. Elle a travaillé avec moi pendant deux ans, à passer à travers les Étapes, à m'amener dans des réunions à l'extérieur, à son groupe d'attache, à des ateliers des AA, et à des congrès. Très rapidement, elle a suggéré que nous nous assoyons sur les rangées avant dans les réunions, que je partage à chaque réunion, que j'aille vers les femmes après les réunions, que je leur serre la main et que je me présente. J'ai eu de la difficulté à suivre ses suggestions, mais j'ai écouté et je lui en suis tellement reconnaissante aujourd'hui. Je me suis fait beaucoup d'amies chez les AA qui m'acceptent et qui m'accueillent. Elles m'ont aimée jusqu'à ce que je puisse m'aimer moi-même.

Je suis reconnaissante envers toutes les marraines que j'ai eues chez les AA. Elles m'ont toutes amenée vers différents niveaux. Elles m'ont enseigné la vraie vie et la vraie façon de vivre. Elles étaient des Gros Livres ambulants.

J'ai réussi à me débarrasser de la plupart de mes ressentiments. Aujourd'hui, je ne blâme plus le juge pour mes actes. Aujourd'hui, j'ai de l'espoir et une magnifique relation avec ma Puissance supérieure. J'ai obtenu une licence en cosmétologie et je travaille dans un superbe salon grâce à un programme de placements à l'extérieur. On a réduit ma sentence de quatre ans.

La plupart des membres de ma famille sont revenus dans ma vie. Quand j'ai un laissez-passer chaque mois pour aller à la maison, mon père me dit qu'il m'aime et il me reçoit dans sa maison. Je fais le test de l'alcootest ici, à l'unité, et il indique zéro. Ce sont des miracles pour une alcoolique désespérée et sans foyer.

Il y a des fois où j'ai pensé que je ne réussirais pas – la douleur était trop grande. Maintenant, je sais que les douleurs étaient des douleurs de croissance. Aujourd'hui, les deux choses les plus importantes pour moi dans le rétablissement sont la bonne volonté et l'action.

Je marraine des femmes à l'unité et je leur donne ce qui m'a été donné si librement. Aujourd'hui, j'ai un sourire que je peux offrir à d'autres alcooliques.

JOAN H.
Raleigh, Caroline du Nord

Du tout au tout (Extrait)
Juillet 2003

J'ai été condamné à cent ans de prison dans un établissement à sécurité maximale. Désespéré, je n'avais pas d'avenir, sauf passer d'innombrables années à regarder la vie passer devant moi. J'étais censé avoir du potentiel, un avenir, une carrière, une place dans la société. Mais mes angoisses, mes ressentiments et mes défauts m'ont toujours détruit. En essayant de combler le vide dans mon âme, j'ai utilisé différentes choses, dont l'alcool, et cela m'a finalement mené vers le crime et l'incarcération. Il n'y avait pas d'issue pour moi, et aucune raison d'essayer davantage, ai-je pensé. Puis, on m'a présenté les Alcooliques anonymes en prison, et ma vie a commencé à changer du tout au tout. Que pouvait m'offrir un programme de rétablissement ?

J'ai immédiatement ressenti l'enthousiasme et la fraternité dans les salles des AA. Selon moi, les réunions étaient un sanctuaire pour échapper à l'environnement morose de la prison. Je savais que je me sentais mieux dans les réunions, et que cela m'incitait à revenir. Jim, un bénévole AA, est devenu mon parrain.

J'étais concentré à aider les autres quand une occasion de libération s'est présentée. J'avais déjà passé presque onze ans en incarcération et j'avais une qualité de vie qui dépassait de loin toute autre période de ma vie. Essayer de vivre un jour à la fois selon les principes spirituels, rester près du mouvement des AA, et maintenir une relation de confiance avec Dieu et avec mon parrain m'avait, de façon cumulative, aidé à vivre ma période d'incarcération et maintenant, j'avais une deuxième chance d'avoir ma liberté ! Je me souviens d'un membre des AA qui me disait que lorsque Dieu a du travail à te donner, les murs tombent. Mon parrain et les AA m'ont enseigné que lorsque le système ferme une porte sur toi, Dieu ouvre une fenêtre. On avait refusé neuf fois de me libérer et j'avais maintenant appris à réduire mes attentes afin de maximiser mon acceptation et ma sérénité.

Le Vendredi saint de 2002, j'ai été libéré. Mon parrain m'attendait dans le stationnement. Nous avions déjà parlé de l'importance de sauter dans le programme dès ma sortie de prison. Vingt minutes seulement après ma libération, j'ai fait mon premier arrêt dans la société au Club Alano, et après au Serenity Center (deux clubs pour les AA de la région). Par la suite, mon parrain m'a amené dans une maison de rétablissement où je vis maintenant. Ce soir-là, j'ai assisté au groupe ABC, ma première réunion des AA comme un homme libre. Deux jours plus tard, je célébrais le dimanche de Pâques chez mon parrain, avec sa famille. Il n'y avait pas de personnes plus heureuses ou plus reconnaissantes au Maryland ce jour-là que nous deux.

Mes deux années chez les AA m'on enseigné que le parrainage, les Étapes et le service sont des mesures essentielles pour se maintenir abstinent. Un jour, j'espère transmettre le legs de l'amour et du service en prison – donner ce qui m'a été transmis si généreusement.

J. K.
Baltimore, Maryland

Mon parrain a pris son temps
Juillet 1973

Je ne suis encore jamais allé à une réunion des AA, mais je suis quand même un membre des AA, car dans les « Douze et Douze », on dit que tout ce qu'il faut, c'est de dire qu'on est membre. J'ai hâte d'y assister quand le juge permettra à mes parrains de m'amener. Vous l'avez deviné – je suis en prison.

Avant que cela n'arrive, Don m'avait invité plusieurs fois à l'accompagner aux réunions, ou même juste arrêter prendre un café à son bureau. Hélas, j'étais trop occupé, vous comprenez. Comment pouvais-je perdre mon temps et gaspiller de l'essence à me déplacer un peu partout pour aller aux réunions, et en même temps économiser assez d'argent pour rester ivre pendant une semaine ou dix jours ou plus à la fois ? J'avais des responsabilités !

Peu après les efforts de Don, j'ai subi un procès pour conduite en état d'ébriété. En route vers le tribunal, j'ai reçu une autre contravention pour la même raison. Phil a pris contact avec moi en prison, et même s'il pensait m'avoir coincé, il ne se pressait pas. Mon comportement belliqueux aurait dû se révolter. Il est parfois assez difficile de mener le mulet à l'eau, ce l'est encore plus de lui suggérer qu'il devrait boire – ou ne pas boire.

Phil m'a apporté les publications des AA dont j'avais besoin – le Gros Livre, Les Douze Étapes et les Douze Traditions, d'anciens numéros du Grapevine, et autres – puis il semble avoir tenu pour acquis qu'il me restait certainement assez de ciboulot pour en tirer quelque chose. Il a aussi apporté quelques autres effets dont j'avais besoin, et il était toujours prêt à parler quand je le voulais et si je le voulais. Bien sûr, tout cela n'était pas facile pour lui. Il ne m'a pas fait de sermon et n'a fait aucune demande pour une décision immédiate. Il savait que j'avais besoin de temps pour comprendre que mon habileté suprême à solutionner des problèmes ne fonctionnait pas toujours.

Agir aisément m'avait réussi jusqu'à présent. Au moins, je digérais certains petits faits. Le vrai test viendrait quand des amis et des bouteilles seraient devant moi, mais j'ai des racines d'abstinence qui poussent déjà – ma confiance envers les AA et, surtout, une Puissance supérieure qui, pour moi, est Celui qui fait fonctionner toutes choses pour ceux qui aiment Dieu.

Ces mots de sagesse infinie veulent dire, non que le dernier venu connaît une fraction des choses que les pionniers ont apprises par l'expérience, mais seulement que nous sommes tous différents et que certains de nous peuvent trébucher, avoir peur et regimber si nous pensons que nous sommes amenés à prendre certains engagements. Agir comme un mulet n'est ni convenable ni raisonnable, mais c'est l'un des traits non enviables qui m'ont aidé à devenir un alcoolique.

C. B.
Waldport, Oregon

Un membre détenu donne de bons conseils sur ce qu'il faut faire et ne pas faire (Extrait)
Mai 1961

La plupart des membres des Alcooliques anonymes doivent leur abstinence au fait que quelqu'un s'est particulièrement intéressé à eux et s'est montré prêt à partager un grand cadeau avec eux. Le parrainage par un plus vieux membre peut signifier beaucoup pour un détenu, surtout celui qui se tourne vers les AA pour obtenir de l'aide.

Les personnes et les groupes ne devraient pas et ne peuvent pas se permettre de perdre de vue l'importance du parrainage, l'importance de porter un intérêt particulier à un alcoolique en détention qui veut cesser de boire et acquérir une sobriété émotive.

Ceux qui accepteront et qui feront du parrainage peuvent être accueillis par l'alcoolique détenu, et ils le seront, et un tel travail aide le membre lui-même à progresser. Cela sert aussi à créer et à donner une satisfaction plus profonde qui découle du fait d'en aider d'autres dans une activité inspirante.

Le membre de l'extérieur qui se pose la question : « Quelle est la tâche d'un parrain ? » doit seulement se rappeler ce que les AA ont fait pour lui. Le détenu espère trouver un parrain sincère, quelqu'un qui veut vraiment l'aider et qui peut lui donner l'exemple. Il veut de l'encouragement, tant par lettre qu'oralement. Il veut être pleinement convaincu, et on doit lui rappeler de garder l'esprit ouvert. Vous souvenez-vous du parrain que vous avez eu, et de tout ce qu'il a dit ?

L'expérience de parrains personnels et de groupes a démontré avec certitude que ceux qui retirent le plus du programme des AA, et qui réussissent le mieux à transmettre le message des AA aux alcooliques détenus, sont ceux pour qui les responsabilités chez les AA sont trop importantes pour être laissées au hasard. De tels membres et de tels groupes sont heureux de parrainer et le voient comme une occasion d'enrichir leur propre vie, ainsi que celle des détenus qu'ils aident.

D. M.
Atlanta, Georgia

Dans six jours
Juillet 2002

Il me reste six jours avant d'être libéré vers un nouveau mode de vie. Quand je suis arrivé ici, ma vie spirituelle était au point mort. J'étais à bout de souffle à cause de l'alcool que je prenais. Après avoir débarrassé mon organisme de tout le poison que j'avais pris pendant un mois, j'ai commencé à penser plus lucidement. Je me suis dit qu'il y avait deux façons de faire cela. Je pourrais m'assoir dans ma cellule et m'apitoyer sur mon sort, ou je pourrais essayer de changer.

La première chose que j'ai faite a été de trouver un parrain membre des AA. J'ai écrit au Bureau des Services généraux et j'ai demandé de l'aide pour en trouver un (l'adresse est dans le Gros Livre). Ne sachant pas à quoi m'attendre, j'ai reçu une lettre du bureau disant que j'aurais des nouvelles d'un candidat potentiel très bientôt. Surprise, j'en ai eu ! Cela m'a étonné et m'a remonté le moral. Dans la première lettre que j'ai écrite à mon nouveau parrain, je lui ai demandé comment je pourrais vivre sans prendre d'alcool. Cela me semblait impossible. J'ai pensé que je ne pourrais jamais y arriver. Pourtant, mon parrain m'avait parlé de ce nouveau mode de vie qu'il avait trouvé chez les AA, et il a dit qu'il me l'enseignerait. Pendant les quinze mois suivants, il m'a semblé que j'avais moins de difficulté à vivre avec moi-même chaque jour.

Mon nouveau parrain m'a envoyé le Grapevine en cadeau, ce qui fut pour moi une grande inspiration. En l'ayant dans ma cellule, je pouvais faire une réunion en tout temps avec moi-même.

Les jours où la vie semblait triste, j'apprenais à prier ma Puissance supérieure, et je lui demandais de m'aider à passer la journée. J'en suis venu à comprendre le Gros Livre, et que je ne suis pas seul.

J'apprends, en faisant les Étapes et en « gardant ça simple », que moi aussi, je peux y arriver, une journée à la fois.

Ce que j'ai vraiment appris, c'est que les AA ont beaucoup d'outils à offrir, mais je ne dois pas avoir peur de me salir les mains. J'ai vraiment hâte d'aller à ma première réunion des AA à l'extérieur. Je sais que ce nouveau mode de vie est une bouée de sauvetage. Je peux maintenant partir d'ici sur mes deux jambes, mais je vais faire des petits pas de bébé.

GARY W.
Albion, Pennsylvanie

CHAPITRE HUIT

RIEN EN COMMUN ?

Vieux et jeunes, homosexuels et hétérosexuels – ces jumelages peu probables créent des liens entre parrains et filleuls

Tu sais, Jim, j'ai fait de la prison... je n'ai pas fait beaucoup d'études, dit le jeune membre des AA avec expérience à l'homme plus âgé – le nouveau – qui a beaucoup de diplômes, dans l'histoire « El Garage ». Le nouveau éduqué n'est pas certain que cela fonctionnera, mais lui et son filleul improbable trouvent un terrain commun.

Dans « Trouver le meilleur parrain chez les AA », un membre de 21 ans abandonne sa « longue liste de demandes » pour trouver un parrain quand un vétéran membre des AA de 68 ans l'aide à trouver la sérénité dont il avait grand besoin. « Pour la première fois de ma vie, quelqu'un d'autre a pu faire taire cette immense tempête dans mon cerveau », écrit-il.

Il n'y avait pas d'explication pour cela ; les membres ont simplement trouvé des parrains avec qui ils pouvaient s'identifier et avoir confiance. Dans les prochaines pages, lisez comment c'est le message, non le messager, qui importe pour transmettre le programme de rétablissement.

El Garage
Mai 1991

La première fois que j'ai admis à voix haute que j'étais un alcoolique, j'étais dans un petit groupe de vingt-quatre heures dans une ruelle de Mexico. Quand j'ai déménagé aux États-Unis, je suis allé à ma première réunion américaine dans un club Alano. Je suis arrivé une demi-heure à l'avance et j'ai fait le tour du pâté de maisons afin de ne pas passer plus de temps qu'il le fallait à l'intérieur. Je n'ai pas aimé la réunion. C'était des cols bleus, tatoués, avec un langage peu châtié et trop de fumée. J'ai donc consulté l'annuaire des AA d'un autre comté tout près et d'une classe sociale plus aisée. Pendant trois mois, je suis allé en auto à une réunion ouverte le dimanche soir. Elle avait lieu dans une institution financière, près d'une université. Là, ai-je pensé, je trouverais quelqu'un qui avait un meilleur vocabulaire et un parrain qui avait un doctorat, comme il convenait à mon éducation, à ma profession et à ma culture. Après tout, j'étais prêtre et psychologue.

Puis un jeune homme dans cette réunion m'a parlé d'une réunion pour homme seulement le lundi soir. Il a promis qu'ils ne m'encercleraient pas et qu'ils ne me battraient pas à mort avec de « l'amour pur et dur », quoi que cela veuille dire. Il a dit qu'ils seraient gentils, et ils l'étaient. Mais je ne me suis confié dans aucun groupe. En proie à la honte, à la peur, à la fausse pudeur, j'entrais et je m'assoyais. Je me suis identifié au jeune qui m'avait tendu la main quand je suis arrivé. Je me suis promis de lui parler de tout problème ou de lui poser toutes les questions que j'avais.

Après trois mois, il m'a semblé que je n'allais nulle part. J'ai vu toutes sortes de personnes rire, se taquiner et faire des marches avec leurs parrains. Ils semblaient s'aimer, et même se faire l'accolade de façon qui me semblait sincère, naturelle et détendue. J'étais impressionné et attiré, mais je ne savais pas comment obtenir ce qu'ils avaient. Un soir, je souffrais et j'étais seul, seul parmi la foule. J'essuyais les tables après la réunion, et personne n'a offert de m'aider. Les gens partaient et retournaient chez eux ou allaient prendre un café pour la « réunion après la réunion », et je suis resté seul. J'ai pensé : Est-ce possible de venir ici en me sentant seul et de retourner chez moi plus seul que jamais ? Pauvre de moi ! C'est alors qu'une voix est venue de la porte. C'était Cristobal, qu'on appelait Chris, un jeune homme à la peau noire, avec une grosse moustache noire et une façon de partager profonde, sincère, qui démontrait une nature très sensible.

La semaine suivante, je me suis assuré de m'assoir près de lui pendant la dernière prière. Quand nous avons joint nos mains, je pouvais sentir des mains calleuses. Je me suis dit : Tu es venu chercher quelqu'un avec un doctorat et tu te retrouveras avec un pousseur de brouette. Chris m'a aidé à sa façon mystérieuse – simplement, directement et efficacement.

J'allais aux réunions depuis maintenant cinq mois, « sur » le programme beaucoup plus que « dans » le programme, et j'étais désespéré. Totalement abattu et cherchant une main pour enfin obtenir de l'aide, j'étais difficilement en position de demander des références. J'ai demandé à Chris d'être mon parrain.

Il a dit : « Je te donne mon numéro de téléphone, Jim, et penses-y pendant vingt-quatre heures. Si tu le veux toujours, téléphone-moi et je te dirai comment te rendre chez moi. »

J'ai trouvé sa maison, dans une rue avec des petites maisons de gens de classe ouvrière de chaque côté. Il avait la dernière maison sur le plus grand lot. Sa vieille auto était montée sur des blocs, car son permis n'avait pas été suspendu, mais révoqué pour trois ans. Il m'a présenté sa femme et ses deux petits enfants (un autre en chemin), et m'a amené dans un endroit où je me suis senti de plus en plus à l'aise avec les années – son garage, ou « Ga-Ra-hey », comme nous le disons en espagnol. Le garage était encombré d'équipement de camping, de pièces d'autos, de vélos et de je ne sais quoi d'autre.

Il y avait une vieille télévision et une berceuse que le parrain de Chris lui avait donnée. Tout près, il y avait une étagère avec le Gros Livre, le « Douze et Douze », et *Réflexions de Bill, Vingt-quatre heures par jour*, et des blocs-notes « pour quand j'écris ».

Chris m'a fait assoir sur la berceuse, s'est assis sur une chaise de jardin, a mis ses pieds sur la télévision et a dit : « Tu sais, Jim, j'ai fait de la prison ». Il s'est avéré que j'avais été l'aumônier de la même prison où il avait été incarcéré plusieurs années auparavant. Puis, me lançant un regard rapide du coin de l'œil, il a ajouté : « Je n'ai pas fait beaucoup d'études. Ils m'ont renvoyé de l'école supérieure avec un diplôme seulement pour se débarrasser de moi parce que j'étais trop dissipé. Je suppose que tu as beaucoup de diplômes ». J'ai avoué en avoir quelques-uns, spécifiant négligemment certains au niveau de la maîtrise. Il m'a regardé de ses yeux noirs et a parlé de la religion. « Je ne pratique aucune religion. Je suis allé à l'église de ma femme pour me marier, je n'y suis pas retourné depuis, et je n'ai pas l'intention d'y aller. » J'ai répondu que je ne cherchais pas un directeur spirituel, mais un parrain. (Je n'ai pas compris à l'époque que c'était un peu la même chose. Un parrain, c'est quelqu'un qui m'enseigne à marcher avec Dieu selon les Douze Étapes.) Puis, en me fixant dans les yeux, il a dit : « Veux-tu toujours que je sois ton parrain ? » En raison de son ouverture d'esprit et de son honnêteté et de sa *manera de ser*, ou sa façon d'être, j'en étais plus convaincu que jamais. « Oui », ai-je répondu. Puis, il s'est produit quelque chose qui n'a jamais cessé.

Chris s'est adossé à sa chaise, s'est installé confortablement les pieds sur la télévision, et il a dit : « Jim, parle-moi de ton alcoolisme ». Il y avait quelque chose en lui qui m'attirait. Si je bégayais ou si j'hésitais par la honte ou la douleur, il me disait quelque chose sur lui qui était pire que ce que j'avais fait. Je me suis dit que c'était très difficile de gagner au jeu de peux-tu avoir-fait-pire-que moi. Il y avait tellement de compassion dans ses yeux et dans sa voix que cela m'a aidé à poursuivre. Après un temps, il ne pouvait plus m'arrêter. Il y avait tant de choses que j'avais enfouies au fond de

moi et pendant tellement longtemps qu'une fois que j'avais commencé, il fallait que je dise tout. La plupart du temps, je regardais
le sol avec honte. Quand je le regardais subrepticement pour voir si
tout était correct, je constatais qu'enfin, j'avais trouvé la personne
et le moment. J'ai continué. J'ai raconté des choses que je ne savais
pas qui étaient là, des choses que rien, même un conseiller professionnel, n'avaient jamais découvertes. Quand j'ai eu enfin terminé,
j'ai regardé le sol en ciment taché d'huile, et j'ai pleuré doucement.
Chris a attendu un moment, puis il a dit : « Comment te sens-tu,
Jim ? » J'ai cessé de pleurer et j'ai dit d'une voix enrouée au plus
profond de moi : « Je regrette beaucoup et j'ai très honte ».

Puis, il est sorti.

Avec tout ce bric-à-brac qui encombrait le garage, je ne pouvais
pas voir où il était allé. J'avais commencé à parler à la lumière du
jour, mais je voyais qu'il faisait maintenant noir et que les étoiles
brillaient. Je sais ce que font les prêtres et les psychiatres, mais pour
les parrains, c'est autre chose, me suis-je dit. Ils tirent le pire de
ce qui dort en vous, et s'en vont. Puis, j'ai entendu la voix maintenant devenue familière qui m'a dit : « Viens ici, Jim ». Je suis sorti.
J'avais deux fois son âge et malgré tout, je lui obéissais comme un
petit enfant. Je n'avais pas le choix. Ma façon d'agir n'avait pas fonctionné et il m'offrait un moyen de m'en sortir.

Quand je suis sorti, je l'ai trouvé debout, quelques pieds plus loin,
les mains derrière le dos, regardant les étoiles. Il a dit : « J'ai un ami
là-haut, Jim, et je fais une sorte de vérification avec lui pour m'assurer que tout est correct, afin que les choses ne tournent pas mal et
me tombent sur la tête. Mon ami a dit que c'est correct. Viens ici,
Jim ». Je lui ai obéi encore une fois. Quand je suis arrivé près de lui,
il m'a serré dans ses bras et m'a laissé pleurer sur son épaule. Pendant trente ans comme prêtre et quinze ans comme psychologue,
d'autres ont pleuré sur mon épaule. Maintenant, c'était mon tour.
« Vas-y, Jim, pleure tout ton soûl ». Plus je pleurais et plus je criais,
plus il me serrait contre lui. Je me suis finalement calmé.

« Est-ce que c'est tout ce qu'il y a, Jim ? » « Pour le moment oui, Chris. » D'une façon ou d'une autre, même alors, j'avais l'intuition que d'autres choses sortiraient.

Quelque peu embarrassé, je regardais par terre. « Regarde en haut, Jim ». J'ai levé les yeux, un peu. « Regarde-moi dans les yeux, Jim ». Je l'ai regardé dans les yeux. Il m'a pris à bout de bras, ses deux mains sur mes épaules. Il m'a regardé pendant un certain temps, a opiné de la tête en signe d'approbation, et a prononcé les mots qui allaient devenir mon tournant décisif, mes nouvelles paires de lunettes, mon moment de vérité – appelez cela comme vous voulez. Regardant au plus profond de moi, il a dit : « Jim, c'est normal d'être humain ». Puis, il m'a donné une tape à droite sur mon visage, a essuyé mes larmes et m'a envoyé à la maison pour me laver, car « nous allons à une réunion ».

Quelques jours plus tard, je suis allé à mon groupe de prêtres, et je leur ai raconté mon expérience, en la résumant dramatiquement : « Ce païen n'appartenant à aucune église a entendu la meilleure confession que je n'ai jamais faite ». Ils ont ri et un membre de longue date avec son accent irlandais à peine compréhensible a dit, d'un œil taquin : « Alors, qui est le "païen", maintenant ? »

C'était le premier chapitre d'une série qui dure toujours et qu'on pourrait intituler « Mon parrain et moi ». Chris aura bientôt cinq ans, et je célèbrerai trois ans. Je ne veux rater ces séances dans *el garage* pour rien au monde. Je crois que Chris non plus, ne le voudrait pas.

ANONYME

Trouver le meilleur parrain chez les AA
Octobre 2008

Quand je suis devenu abstinent il y a quelques années, les plus vieux membres insistaient sur l'importance d'avoir un parrain, et je me suis fait une liste complète des qualités que je voulais pour avoir le "parrain parfait". Malheureusement, personne ne répondait à ces qualités. J'avais vingt-et-un ans et plusieurs histoires de drogue, ainsi qu'une myriade d'autres bizarreries que je pensais être le seul à avoir. J'ai décidé que mon parrain devrait être jeune, qu'il devrait comprendre mon jargon, et avoir au moins de l'expérience avec les drogues.

Après quelques tentatives d'abstinence, beaucoup de café, de nombreuses réunions, et un vrai gros déménagement à l'autre bout du pays, un mois avant de devenir d'abstinent, j'ai trouvé John. Il ne répondait pas à mes critères. Ma liste, comme tant d'autres idées que j'avais alors, a été rapidement changée. J'ai trouvé le meilleur parrain chez les AA. John, un jeune de soixante-huit ans, a secoué la tête et a souri quand j'ai griffonné son numéro sur un morceau de carton déchiré de mon paquet de cigarettes. Le lendemain, nous avons pris un café ensemble. Après quelques voyages aux réunions dans sa vieille Lincoln 1989 – que je ridiculisais – j'ai finalement trouvé assez de courage pour lui demander d'être mon parrain.

Pendant les quelques mois qui ont suivi, j'ai aimé les nombreuses heures que j'ai passées sur le siège avant de cette Lincoln. Je buvais les paroles de John. Bon, pas tous les mots, mais la plupart. Pour la première fois de ma vie, quelqu'un d'autre a pu faire taire cette immense tempête dans mon cerveau.

J'ai écouté avec nostalgie les histoires d'une période chez les AA que je n'avais jamais connue, une période d'automobiles encore plus grosses, et d'appels de Douzième Étape dans la fumée et l'alcool dans la nuit. Je suis encore subjugué par les histoires de John, peu importe le nombre de fois que je les entends. En plus, il y en a toujours une de plus dans le lot.

John n'a jamais eu à me dire de lui téléphoner chaque jour, car je voulais lui parler tous les jours. Quand John n'était pas à la maison, sa femme Sharon jouait merveilleusement le rôle de remplaçant, elle qui comptait plus de trente ans d'abstinence. Je ne me suis jamais senti aussi en sécurité que lorsque j'étais assis dans ce salon avec leurs années d'abstinence qui m'entouraient. Je me moquais auprès des autres pionniers des lumières de Noël que John « m'obligeait » à suspendre, et des boîtes qu'il « m'obligeait » à soulever afin de rester abstinent. Ils riaient et disaient : « En tout cas, tu n'as pas bu, non ? Il doit avoir agi correctement »

Je vis maintenant loin de John, mais mes moments les plus précieux sont toujours ceux que je passe dans sa salle à manger. Il ne comprend toujours pas ma musique rap à tue-tête, mais il me connaît.

J'ai le meilleur parrain chez les AA, mais il y a des milliers de « meilleurs parrains » autour de nous à chaque réunion. Tout ce qu'il faut, c'est de l'ouverture d'esprit et de la bonne volonté. À ma grande surprise, je n'ai pas eu à faire de longues interviews pour trouver le mien ; une tasse de café et une invitation d'amitié ont suffi.

Selon moi, c'est vraiment cela, le parrainage : l'amitié. John n'était pas un nom que j'aurais pu utiliser pour apaiser les autorités, et je n'étais pas simplement une autre personne qu'il pouvait se vanter d'avoir comme filleul. J'étais un ami – un bon ami avec qui il pouvait partager les beautés de ce qu'il avait trouvé chez les Alcooliques anonymes.

PATRICK C.
Oakland, Californie

Ce n'était pas mon choix

Novembre 2007

Je n'ai pas choisi ma marraine et je ne l'ai pas particulièrement aimée quand je l'ai rencontrée. Par contre, j'étais encore une fois en traitement, et au moment de me préparer à partir, l'équipe du traitement m'a demandé si j'avais une marraine. J'ai dit non – mais que je m'assurerais d'en trouver une à ma sortie.

Sachant que cela n'arriverait probablement pas, les gens dans le centre de traitement m'ont confiée à une marraine temporaire. Je devais la rencontrer à une réunion des Alcooliques anonymes le jour où j'obtiendrais mon congé. Assez étonnant de ma part, j'ai obéi et j'ai rencontré Kathy S. pour la première fois dans un club à Tallahassee, Floride, le 3 novembre 1990. Dès que je l'ai vue, je savais que nous n'avions rien en commun.

Elle était enseignante en cinquième année, j'étais une fille de bicycle. Elle portait des vêtements colorés avec des accessoires assortis. Je portais toujours du noir et mes accessoires étaient des chaines et des poignards. Elle jurait rarement. Il a fallu six mois avant que j'apprenne à utiliser le mot « mère » sans ajouter de qualificatif. Sa vie était en ordre et la mienne était comme une spirale hors de contrôle. Je n'ai pas écouté ce qu'elle a dit, et je ne suis pas restée abstinente.

Avec son aide et ses conseils, je suis retournée en traitement en janvier 1991. Depuis ce jour, je n'ai pas trouvé nécessaire ni utile de prendre un verre. J'ai beaucoup appris en traitement et j'ai décidé de mettre en pratique les suggestions qu'on m'a données.

Même si j'étais folle à lier, Kathy était prête à travailler avec moi. Avec le temps, je lui ai fait confiance. Pendant toutes les années où nous avons travaillé ensemble, elle n'a jamais essayé de m'induire en erreur. On ne m'a jamais demandé de faire quoi que ce soit de nuisible ou de mal pour moi, comme alcoolique en rétablissement et être humain.

Elle m'a enseigné la « boîte » de la vie. « La boîte » était vide et il n'y avait rien à l'intérieur. Kathy a dit que je me satisfaisais de cela. Elle m'a dit que je méritais tous les jolis tissus de papier de soie de différentes couleurs, le papier à emballage brillant, et les boucles de luxe – ainsi que les cadeaux qui pourraient se trouver à l'intérieur de la boîte.

Elle m'a enseigné que les cadeaux ne sont pas nécessairement des biens matériels. Parfois, les cadeaux ne peuvent pas être vus, juste ressentis. Par exemple : le cadeau d'une bonne nuit de sommeil, les cadeaux d'intégrité, de respect de soi, et la capacité de me considérer comme un être humain. Ma marraine m'a enseigné que je méritais de me rétablir et que j'étais digne de tous les cadeaux que l'abstinence avait à offrir. Par contre, ces choses ne sont pas arrivées du jour au lendemain. Tout comme les Promesses dans le Gros Livre, je devais travailler pour les obtenir.

J'ai assisté à beaucoup de réunions, j'ai fait les Étapes, j'ai trouvé une Puissance supérieure, j'ai réparé mes torts, et j'ai essayé d'aider les autres. Quelque part en chemin, j'ai commencé à me trouver. J'ai échangé mon langage coloré pour des vêtements plus colorés. J'ai trouvé les cadeaux du rire, de l'amitié et de la paix d'esprit. La femme qui autrefois était vêtue de noir est restée derrière.

Ma marraine a observé chaque victoire. Elle m'a regardée aller au collège et recevoir un diplôme. Elle était à mes côtés quand on m'a accordé le plein pardon du gouverneur de la Floride pour les choses que j'avais faites – les ruines de mon passé.

Ma marraine était aussi présente pendant mes moments de douleur et de chagrin. Quand mon fils a été arrêté peu avant Noël 1997, j'étais dévastée. Quelle sorte de cadeau est-ce cela – et juste avant Noël ? Kathy m'a montré le cadeau que j'aurais reçu : j'ai constaté que je pouvais me comporter avec dignité et grâce, une chose que je n'avais jamais connue auparavant. Et je n'ai pas eu besoin de boire pour cela.

Ma marraine m'a aussi enseigné à accepter la vie comme elle est, que je n'étais pas le centre de l'univers. (Parfois, je doute encore de cela !) Elle m'a dit d'accepter d'être responsable de mon comportement.

Cela fait quelques vingt-quatre heures que Kathy et moi nous sommes rencontrées. Nous avons passé à travers bien des choses ensemble, et je sais que sans sa merveilleuse sagesse et sa douceur, je ne serais pas la femme que je suis aujourd'hui.

Depuis que je suis déménagée dans un autre état et que je la vois moins souvent, j'ai troqué les Harleys pour des chevaux et mon poignard pour un cure-pied. Par contre, je ne troquerais jamais le temps que j'ai passé avec Kathy. Elle est toujours avec moi, partout où je vais.

SUSAN K.
Asheville, Caroline du Nord

Bons amis
Février 1989

Il y a neuf ans, après quelques années d'abstinence, j'ai fait la connaissance d'un jeune homme lors d'une réunion ouverte. Nous avons conversé un peu et Matthew (ce n'est pas son véritable nom) s'est assis à côté de moi et la réunion a débuté. À la fin, nous avons échangé des banalités et commenté certains aspects importants du partage du conférencier. J'ai bientôt pris congé pour rentrer à la maison, car j'habite à plus de 30 kilomètres de la salle de réunions et, même à cette époque, j'étais déjà une vieille dame.

Il y avait quelque chose chez ce jeune homme qui me rendait inconfortable. Je ne pouvais dire quoi, mais cela me troublait. J'étais dans le programme depuis assez longtemps pour savoir que les membres viennent de toutes les couches de la société, avec des antécédents de toutes sortes, et qu'aucun de nous n'arrive chez les AA parce que sa vie va bien. Matthew m'a dit qu'il venait de la rue et qu'il n'avait pas bénéficié d'un centre de désintoxication. J'avais entendu des histoires de prison et je me demandais si l'étrange air d'inquiétude qu'on lisait dans ses yeux ne venait pas de quelque chose du genre.

La semaine suivante, j'avais oublié Matthew, je me suis joyeusement rendue à ma réunion ouverte hebdomadaire. Dès que j'eus trouvé un siège, ne voilà-t-il pas que Matthew me demande poliment s'il peut prendre place à mes côtés. J'étais heureuse de le revoir et, comme la fois d'avant, nous avons conversé pendant que la salle se remplissait.

J'étais assez heureuse que Matthew s'intéresse à moi, car il avait l'âge de mon plus jeune fils dont je m'ennuyais passablement à l'époque. Néanmoins, après plusieurs semaines de ce manège, il me semblait que mon ami exagérait. Je me suis même demandé si ce jeune homme n'avait pas le béguin pour moi. Mon dieu, ai-je pensé, que devrais-je faire?

La semaine suivante, quand Matthew a pris place sur le siège voisin du mien, je lui ai dit clairement à l'oreille, « Jeune homme, vous savez que vous ne m'intéressez pas du tout. » Il s'est rapidement tourné vers moi et a bafouillé, « Oh non! Je n'avais aucunement l'intention... Je voulais seulement vous demander d'être ma marraine. »

Je savais qu'il n'était pas conseillé qu'une femme marraine un homme et je lui ai dit. Je lui ai recommandé de demander à un homme et il a eu l'air très désappointé. J'ai regretté mes propos.

Plus tard, j'ai demandé à Tom, un pionnier, ce que je devrais faire. Se frottant le menton pensivement, il m'a dit : « Dis-lui que tu seras sa marraine au téléphone seulement. » C'est ce que j'ai fait et comme je l'avais prévu, Matthew était très heureux de l'arrangement. Il m'appelait régulièrement et nous avons appris à bien nous connaître. Il mettait le programme en pratique avec diligence. Mais, il y avait toujours cet air dans ses yeux. Avait-il commis quelque atrocité? Avait-il commis un meurtre? Je l'ignorais. Quelque chose avait l'air de le tracasser profondément.

L'hiver a fait place au printemps, et à la fin de l'été, Matthew m'a demandé s'il pouvait me présenter sa mère. Ils étaient prêts à venir, sur rendez-vous, à mon lieu de travail et non chez moi. Cela me convenait. Ils sont donc venus et j'ai été impressionnée. Sa mère était charmante. Elle avait à peu près mon âge et nous avions beaucoup de choses en commun. Ce fut une très agréable rencontre.

Octobre est revenu et Matthew approchait un an d'abstinence. Un jour, il m'a téléphoné et a demandé à me parler face à face. Il avait l'air pressé. Il espérait pouvoir venir immédiatement. J'ai accepté.

Je vis seule et j'étais toujours un peu craintive. Matthew serait là dans environ trente minutes. Pourquoi ne pas nous voir dans le parc. Il faisait beau et il y aurait d'autres personnes autour. Quand je lui ai suggéré cela, Matthew a accepté avec plaisir.

J'ai mené ma petite autocaravane blanche au parc et j'ai sorti deux chaises pliantes. Nous serions bien pour parler et il y avait plein de gens autour qui profitaient de cette belle journée d'automne. Quand Matthew est arrivé en voiture, je lui ai fait signe de la main. J'étais heureuse de le voir et pour la première fois, nous nous sommes étreints. Bien assis dans les chaises en dehors de l'autocaravane, la conversation fut agréable. Je me demandais de quelle question sérieuse Matthew voulait m'entretenir. Un peu de café donnerait peut-être un petit air d'authenticité à notre réunion ? Bravement, j'ai invité Matthew dans l'autocaravane et j'ai fait le café. Puis, assis autour de la petite table, nous avons poursuivi notre conversation.

Soudain Matthew s'est penché vers moi et me regardant droit dans les yeux m'a dit : « Il faut que je te dise quelque chose. Je suis gay. »

Bien sûr, j'ai été surprise. Mais je me suis sentie soulagée et en secouant la tête j'ai dit : « C'est tout ? J'ai cru que tu avais tué quelqu'un ! » Doucement, il a dit « Non » et ses yeux se sont remplis d'eau. L'air étrange que je connaissais si bien maintenant a effectivement disparu pendant qu'il parlait. Ensemble, nous avons ri et pleuré. Le chat était sorti du sac et c'était très bien.

Huit ans se sont écoulés depuis ce jour d'octobre. Matthew et moi nous parlons régulièrement et il nous arrive d'aller ensemble à certains endroits. Nous sommes devenus de bons amis.

M. V.
Elk Rapids, Michigan

Ça, c'est mon parrain !
Juin 1978

Mark Twain a dit quelque chose comme : « À seize ans, je ne pouvais pas croire que mon père soit aussi idiot. À vingt et un ans, j'étais étonné que le vieux ait appris tant de choses ! »

Ceci décrit bien ce que je pensais de mon parrain. Il m'avait semblé si « simple » quand il m'a fait une Douzième Étape. Je me souviens m'être dit : Oui, il a l'air heureux, mais si je ne buvais pas et ne faisais pas de folies, je raterais toutes les choses que les gens intelligents aiment ! Je me disais, bien sûr, qu'autour d'un café on peut planifier notre prochaine cuite, mais ce gros bonhomme (1 m 93, 105 kilos) voulait-il dire que c'était tout ? Du café, quelques rires avant de rentrer à la maison et il appelait ça vivre ? C'était ça être abstinent ? Merci pour moi !

Il a fallu beaucoup de café, beaucoup de conversations, beaucoup de persévérance et beaucoup de rires et de larmes avant que je commence à comprendre que je cherchais depuis toujours cette vie simple. Les rires étaient différents. C'était un rire sincère, pas causé par la bouteille. Je me souviens avoir répondu au téléphone pour entendre cet homme me dire que je n'étais qu'un menteur et un faux jeton. Parfois, je lui répondais, « Si tu n'as rien de gentil à me dire... » et autres choses du genre, ce qui était accueilli par un long silence.

Il a fini par comprendre que j'avais atteint mon point de saturation et il ne m'a pas appelé pendant deux semaines. Il commençait à me manquer. Par contre, je me souviens avoir dit à ma femme que si ce rustre de géant norvégien revenait chez moi, j'appellerais la police. (Il était évidemment hors de question de jeter ce gros homme dehors. Personne n'oserait essayer cela à jeun.) Par chance, à mes débuts chez les AA on m'avait dit que les gens qui changent souvent de parrain essaient de contrôler l'environnement plutôt que de changer eux-mêmes. Je dois admettre que l'idée de changer de parrain a traversé mon cerveau ramolli.

Au lieu de cela, j'ai commencé à dire fièrement aux autres membres des AA qu'il était mon parrain.

Quel changement !

Puis, au moment où tout semblait aller bien – j'avais mes propres filleuls, la qualité de mon abstinence s'était améliorée, et j'avais plus d'amis que jamais auparavant – le ciel m'est tombé sur la tête. Cet homme (notez bien qu'il n'était plus un rustaud) m'a annoncé que sa famille et lui quittaient les lieux. Ils déménageaient et pas à la porte voisine.

J'ai attendu. Sans m'apitoyer sur mon sort, sans colère, sans jalousie, sans haine. Que m'avait apporté le programme ? J'ai désespérément tenté de retrouver mon ancien style. Peut-être une petite crise ou quelques jurons bien sentis ? Rien de cela. Tout ce qui me venait à l'esprit était que j'aimais vraiment cet homme et sa famille et que je leur souhaitais bonne chance.

Aujourd'hui, je sais que s'il m'a aidé à résoudre mes problèmes, il s'est assuré qu'ils demeureraient bien les miens. Je lui serai éternellement reconnaissant, ainsi qu'aux Alcooliques anonymes. Je crois que chaque fois qu'un parrain comme lui se présentera, nous verrons une abstinence de grande qualité et plusieurs ivrognes dégonflés et heureux de l'être.

M.J.
Saskatoon, Saskatchewan

ENTREPRENDRE CHAQUE JOURNÉE PAR UN MIRACLE

Ces alcooliques désespérés n'ont jamais cru que les AA allaient réussir pour eux. Mais, en travaillant avec leurs parrains, ils ont percé et commencé à se rétablir.

Un homme qui doit admettre qu'il a abandonné ses enfants dans « Pas de solution facile », une femme qui doit composer avec les suites d'un ancien mari abusif dans « Une question de choix » et d'autres « cas difficiles » dans ce chapitre ont trouvé l'amour et les conseils dont ils avaient besoin pour surmonter leurs souffrances. « Ma marraine m'a dit d'entreprendre chaque journée par un miracle », écrit l'auteur de « Le Dieu de Joanie ». « 1. Je m'éveillais, je ne sortais pas du coma. 2. J'avais un toit sur la tête et le ventre plein. 3. Je pouvais voir, toucher, sentir, entendre et goûter. Ensuite, je devais être attentive aux "coïncidences" pendant toute la journée. Ces choses étaient des miracles dans une vie. C'est ce que j'ai fait chaque jour et, incroyablement, j'ai commencé à éprouver de la reconnaissance et à faire un peu confiance à Dieu. » Les histoires de ce chapitre ont été écrites par des membres des AA qui sont devenus abstinents et le sont restés malgré les vicissitudes de la vie – avec l'aide de leurs parrains.

Pas de solution facile
Septembre 2007

J'ai fréquenté les AA pendant environ quinze ans avant d'embarquer pour de bon. Pendant longtemps, j'ai cru que les AA étaient un formidable programme, qu'il faisait des merveilles pour des tas de gens, mais rien pour moi.

Cette fois, pour une raison que j'ignore, j'ai finalement conclu que je n'arriverais jamais à arrêter de boire et que je n'avais aucune issue, sauf les AA. J'ai commencé à assister aux réunions et je me suis joint à un groupe. J'ai choisi un parrain. Cependant, j'ignore pourquoi, chaque fois que nous nous réunissions, nous réglions le sort du monde, mais ne parlions jamais de ce que je ressentais. J'étais mort en dedans de moi, mais je lui demandais « Que feras-tu ce week-end ? » ou « Que penses-tu de cette voiture qui vient de passer ? »

Pendant tout ce temps, après les réunions, je me retrouvais avec cet autre homme, John. Il me demandait comment j'allais, et pour une raison ou une autre, je lui répondais. J'ai fini par lui demander d'être mon parrain. Il était abstinent depuis environ cinq ans et il disposait de plein de temps pour parler avec moi.

Au cours des semaines suivantes, nous nous sommes rencontrés chaque jour. Nous allions au parc, à mon appartement ou au café et nous parlions. Je lui ai tout raconté. Du moins, j'ai cru que je lui avais tout raconté.

Nous nous réunissions au moins une fois par semaine avec un autre ami pour étudier le Gros Livre et les Étapes. Parfois, d'autres gars se joignaient à nous et nous écoutions des enregistrements de conférenciers et nous lisions et parlions du programme.

Nous sommes devenus des amis et j'ai commencé à aller chez John de temps à autre pour lui rendre visite et regarder des films.

Un soir, nous regardions un film sur le rétablissement de l'alcoolisme dans son salon.

John avait deux fils et une fille. Sa petite fille avait à peu près l'âge de ma fille que j'avais abandonnée cinq ans auparavant. J'ai vu cette belle petite fille traverser la pièce, monter sur les genoux de John, mettre sa tête sur sa poitrine, le regarder dans les yeux et lui dire « Je t'aime, papa ».

Je ne trouve pas les mots pour vous dire la peine que j'ai ressentie à ce moment précis. Il y avait un trou en moi et une peur plus grande que ce que je n'avais jamais ressenti auparavant. J'ai paniqué. J'ai dit à John que le film me « torturait » et je suis parti. Rendu à la maison, j'ai fondu en larmes et j'ai résisté à l'envie de m'enlever la vie. J'avais parlé à John de toutes les choses que j'avais faites dans le passé et que je ne pouvais pas changer. Mais je ne lui avais jamais parlé de ce qui se passait en moi aujourd'hui.

Une nouvelle fois, je n'avais pas le choix. Ma seule façon de faire face était soit de me saouler, soit d'en parler à quelqu'un. Je suis retourné chez John et après quelque temps, je lui ai dit pourquoi j'étais parti la veille. Je lui ai parlé des deux enfants que j'avais abandonnés et combien je me sentais vide, apeuré et seul.

Il ne m'a pas donné une formule magique. Il ne m'a pas proposé de solution miracle pour ma souffrance et il n'a pas prétendu que tout était « correct ». Il m'a simplement serré dans ses bras pendant que je pleurais. Et il a ajouté la chose la plus importante que je n'ai jamais entendue. Il a dit : « Joe, nous allons y arriver ensemble. »

Je l'ai immédiatement ressenti. Je n'étais plus seul. Les mots me manquent pour décrire l'émotion que je ressentais. J'étais absolument convaincu que je n'étais plus seul au monde. Je savais que nous réussirions. Et, un jour à la fois, nous y sommes arrivés.

Mon groupe a fait imprimer *Nous allons y arriver ensemble* sur mon médaillon d'un an. Quelques mois plus tard, j'ai suivi la route qu'on m'avait indiquée et j'ai trouvé où habitaient mes enfants. J'ai vu mon ex-femme et elle m'a autorisé à recommencer à voir mes enfants.

Quelque temps plus tard, j'étais dans mon salon un samedi soir. J'ai vu la plus belle petite fille traverser le salon, monter sur mes genoux, mettre sa tête sur mon épaule, me regarder dans les yeux et dire « Papa, je t'aime. » J'ai pleuré de nouveau. Une fois encore, j'ai ressenti l'émotion la plus forte de ma vie. C'était une impression d'amour inconditionnel, la capacité de donner et de recevoir et la certitude que sans l'ombre d'un doute, je ne suis plus seul.

En décembre dernier, j'ai marqué mon troisième anniversaire d'abstinence. Je vois mes enfants toutes les deux semaines, pendant les vacances et chaque fois que c'est possible. Ma famille est revenue dans ma vie et aujourd'hui, je sais que peu importe ce qui arrivera, nous y arriverons ensemble.

Cela a été possible grâce à Dieu, au programme du livre *Les Alcooliques anonymes* et à un parrain qui était assez sage pour ne pas tenter de réparer quelque chose qu'il ne pouvait réparer lui-même. Il était assez sage pour rester présent, me tenir dans ses bras et m'aimer, et partager avec moi l'amour et l'expérience qu'il avait vécus. La seule façon pour moi de tenter de rembourser cette dette est de partager mon histoire et de faire de mon mieux pour partager l'amour qui m'a été donné.

JOE D.
Stratford, Ontario

Le Dieu de Joanie (Extrait)
Août 2009

Avant d'arriver chez les Alcooliques anonymes, j'avais abandonné toute croyance en Dieu. Je le blâmais pour tout ce qui m'arrivait. À onze ans, un matin, avant de partir pour l'école, j'ai demandé vingt-cinq sous à ma chère mère. Elle m'a dit « Pas aujourd'hui », je l'ai donc chipé de son sac à main. L'après-midi même, un prêtre est venu à l'école pour m'annoncer que ma mère était morte. J'ai cru que c'était ma punition pour avoir volé ce vingt-cinq cents ce matin-là ! J'ai jeté la pièce de vingt-cinq cents dans un caniveau et j'ai dit : « Tiens Dieu, je l'ai rendu ! Je ne le dépenserai pas. Maintenant, rends-moi ma mère. » Je n'ai pas eu de réponse.

Depuis ce temps-là, dans ma vie, j'ai cru que chaque fois qu'il m'arrivait un malheur, c'était une punition de Dieu.

Le 9 juillet 1983, j'ai prononcé quatre mots magiques : « Mon Dieu, aidez-moi. » Je demandais de l'aide au Dieu dont on m'avait parlé quand j'avais six ans. Il a répondu, car le lendemain, je me suis traînée dans une salle des Alcooliques anonymes, impuissante, désespérée et sans emploi. Je savais ce que je devais faire. J'ai recherché la compagnie des femmes aux réunions auxquelles j'assistais – il y en avait plusieurs – et j'ai demandé à l'une d'elles de devenir ma marraine. Elle m'a demandé si je croyais en Dieu, et j'ai répondu « Oui, au cas où il existerait. » Elle a rétorqué « Prends le mien, il fait du bon travail ! » Ainsi donc, chaque matin, à genoux, je disais « Cher Dieu de Joanie : tu sais que je ne crois pas à ce que je dis. Je ne le fais que parce qu'on m'a dit de le faire. » Puis, je demandais au Dieu de Joanie de m'empêcher de boire ce jour-là. Et je remerciais le Dieu de Joanie, chaque soir. Cette première marraine m'a parlé des slogans et cela m'a énervée, mais cela m'a suffi jusqu'à ce que le brouillard sorte de ma tête. Après trois mois d'abstinence, j'ai pris une nouvelle marraine qui m'a guidée dans les Étapes.

Et je n'ai pas bu ! J'ai donc continué à prier le Dieu de Joanie. Je ne voulais pas révéler à mon Dieu que j'étais vivante ni où j'étais (comme s'il ne le savait pas). Ma marraine m'a dit d'entreprendre chaque journée par un miracle. 1. Je m'éveillais, je ne sortais pas du coma. 2. J'avais un toit sur la tête et le ventre plein. 3. Je pouvais voir, toucher, sentir, entendre et goûter. Ensuite, je devais être attentive aux « coïncidences » pendant toute la journée. Ces choses étaient des miracles dans une vie. C'est ce que j'ai fait chaque jour et, incroyablement, j'ai commencé à éprouver de la reconnaissance et à faire un peu confiance à Dieu.

Plusieurs années plus tard, je fais toujours la même chose que lorsque j'étais fraîchement abstinente. Je ne dis pas à Dieu quoi faire. Si je le faisais, je me prendrais pour Dieu. Il fait tellement bien les choses, que je ne veux pas risquer de tout gâcher.

JEANNE R.
Monaca, Pennsylvanie

Adopte un chat
Juillet 2003

M on parrain était un de ces parrains qui savent instinctivement comment « se comporter dans des situations déconcertantes. » Je me souviens que quelques semaines après être devenu abstinent, j'ai dit à mon parrain que je me sentais seul. Il m'a dit d'adopter un chat. Je lui ai répondu que les chats ne m'intéressaient pas. Il m'a rétorqué qu'il s'en foutait et que je devrais me procurer un chat. Pour qui se prenait-il ? Je faisais beaucoup de « chat » sur mon ordinateur et j'avais fait la connaissance d'une fille. Elle vivait au Wyoming. Elle m'a dit qu'elle m'aimait. J'avais quarante ans et je ne me souvenais plus de la dernière fois que quelqu'un m'avait parlé d'amour. J'ai donc fait la première chose qui m'est venue à l'esprit. J'ai quitté mon emploi et j'ai déménagé au Wyoming.

Mon parrain m'a parlé de cure géographique et que je ferais beaucoup mieux de me procurer un chat. Je lui ai dit qu'il se trompait et que ce n'était pas une cure géographique. Je lui ai dit que je savais que j'étais impuissant face à l'alcool. Je lui ai dit que les choses ne changeraient pas, que je sois à Halifax ou au Wyoming, que j'irais toujours aux réunions et que je pourrais toujours être abstinent. Il m'a dit quelque chose qui parlait de chats.

À bord du train en partance de la Nouvelle-Écosse, le serveur parcourait l'allée avec son charriot de friandises. J'ai aperçu une grosse cannette de bière Keith, ma préférée. J'ai immédiatement pensé qu'il n'y aurait pas de bière Keith au Wyoming. Pourquoi ne pas en prendre une « p'tite dernière » pour fêter mon nouveau départ ?

C'est ici que je perdis la raison et que la folie du premier verre a pris le dessus – la folie que je pourrais penser une seule seconde que, peu importe les circonstances, je pourrais en prendre un. Trois semaines plus tard, je faisais de l'autostop dans une tempête de neige sur la route Transcanadienne avec mes cinq bagages, à la recherche d'une réunion des AA.

Mon parrain avait utilisé avec moi ce que j'en suis venu à appeler « le langage du nouveau ». Il parlait simplement. Parfois, c'était un slogan comme « Garde ça simple » et « L'important d'abord. » D'autres fois, il citait les publications des AA, comme les Promesses ou les « faucons » [faut qu'on...]. Enfin, il lui arrivait d'inventer des choses – par exemple, « Adopte un chat ». Il aurait pu dire « Le principal facteur que nous ne savons pas reconnaître est notre incapacité totale à établir une véritable association avec un autre être humain. » « Jamais nous n'avons cherché qu'à occuper simplement notre place dans la famille, à n'être qu'un ami parmi les amis, qu'un travailleur parmi les autres, qu'un membre utile de la société. ... Notre conduite égocentrique bloquait toute ouverture sur une relation d'association avec les différentes personnes de notre entourage. Nous ne comprenions pas le sens de la vraie fraternité. »

Il aurait pu dire ces choses, peut-être les a-t-il dites. Peut-être savait-il que je ne pourrais pas les comprendre. Il a donc simplement dit « Adopte un chat ». Comme lorsqu'il me disait « Fais le café » ou « Installe-toi sur la première rangée et écoute » ou encore « L'herbe a toujours l'air plus verte dans la cour du voisin avant qu'on s'y retrouve. »

Inutile de le préciser, j'ai trouvé ma réunion des AA. À la fin de la réunion, j'ai communiqué avec mon parrain et je lui ai dit que j'étais désormais prêt à écouter. Et j'ai écouté. J'ai suivi toutes ses suggestions même si je ne comprenais pas toujours où il voulait en venir. C'était il y a cinq ans. Aujourd'hui, je connais une liberté nouvelle et un nouveau bonheur. J'ai une femme. J'ai une famille. J'ai un travail. Et, oui, j'ai fini par adopter un chat.

BERNIE S.
Dartmouth, Nouvelle-Écosse

Une question de choix
Septembre 2005

J e suis très reconnaissante pour le parrainage dans le programme des Alcooliques anonymes. Sans lui, je ne m'en serais jamais sortie.

Les marraines m'ont appris à prendre la vie comme elle vient. Souvent, au cours de mes treize années d'abstinence, j'ai dû me laisser porter par la confiance de ma marraine. Quand je suis dans la brume, quand c'est trop difficile, Dieu agit par l'entremise des gens pour me faire savoir que je peux passer à l'étape suivante.

Je suis mère célibataire de trois enfants, de huit, dix et douze ans. Je suis revenue en Californie après deux ans au Colorado. Mon déménagement au Colorado était un ultime effort pour faire fonctionner une relation désastreuse. Vous savez... j'ai toujours une bonne idée...

J'avais fait la connaissance d'un homme alors que j'étais aux prises avec l'alcoolisme et la toxicomanie. Nous étions deux enfants souffrant de cette maladie, et nous ne le savions pas. À notre premier rendez-vous, il a essayé de m'éjecter de la voiture en roulant, mais ce ne fut pas suffisant pour m'empêcher de sortir avec lui.

Sous l'effet de l'alcool, il m'a fait encore pire : il m'a fracturé des côtes pendant que j'étais enceinte, il m'a pris en otage dans une chambre de motel, et, une fois, il m'a tenue à la gorge jusqu'à ce que je perde conscience. Quand je suis devenue abstinente, il a décidé de cesser de consommer et de boire lui aussi, mais, il l'a fait seul, sans programme. C'est ce que nous appelons chez les AA une cuite sèche, et ce fut pire pour la famille que s'il avait continué de boire.

Mais j'ai continué par la grâce de Dieu, j'ai demandé de l'aide et j'ai tenté de réparer les dégâts de mon passé. J'avais peur de partir ; il y avait déjà longtemps, il m'avait menacé. Si je devais partir, il me traquerait comme une chienne et me tuerait. Je l'ai cru. Il est probable que la peur de devoir élever seule mes enfants m'a fait rester, même si je faisais déjà tout moi-même.

Après une dernière attaque physique, je suis partie avec mes enfants pendant que leur père était en prison. Nous sommes venus en Californie au volant d'un camion de déménagement rempli de casseroles et de tout ce que nous avions pu y entasser. J'étais une épave, les enfants étaient des épaves. Je n'avais pas dormi sur mes deux oreilles depuis près d'un an et je souffrais constamment d'infections urinaires, d'ulcères et de tous les maux imaginables générés par le stress.

J'ai demandé à Dieu de m'aider et il a commencé à mettre des maîtres sur mon chemin. J'ai fait la connaissance de ma première marraine dans une réunion pour femmes seulement à Fullerton. Elle m'a aidée à trouver de nouveaux moyens de subvenir aux besoins de ma famille en faisant allusion à la Septième Tradition – qui dit que les groupes des AA devraient subvenir entièrement à leurs besoins par les contributions volontaires de leurs membres – comme moyen de vivre ma vie. Elle m'a promis que je me sentirais mieux dès que je ferais des efforts pour devenir moins dépendante des autres, tant sur le plan financier que sur celui des émotions.

J'ai donc commencé à suivre des cours, d'abord pour devenir aide-infirmière et par la suite assistante médicale. Les enfants et moi dormions à même le sol dans le studio de ma mère à Brea, ce qui avait l'avantage de ne pas avoir à payer de loyer. Malheureusement, j'étais incapable de l'apprécier à l'époque ! J'ai dû vivre avec le fait que je me plaignais toujours de mes malheurs aux réunions. « Pauvre de toi ! » me disaient-ils tous avant de pouffer de rire. Ils le faisaient pour m'aider à me débarrasser de mon terrible défaut d'apitoiement, et ils ont réussi.

Je travaillais comme caissière dans une station-service pour pouvoir payer ma nourriture et autres besoins. J'ai passé beaucoup de temps à étudier le Gros Livre derrière mon guichet. Ce travail m'a tellement appris : soigne ta tenue et va vers le monde ! Un autre de mes problèmes était que je n'aimais pas les règlements. L'uniforme de la station-service avait besoin d'être amélioré, selon moi. Alors, chaque jour, je le portais différemment, attaché devant, ou très décolleté, n'importe quoi pour faire différent. Cela a mené à bien des affrontements inutiles avec mes supérieurs. Les gens du programme me disaient : « Rentre simplement ta blouse et sois gentille. » C'est ce que j'ai fait, et cela a réussi !

L'insomnie s'est poursuivie longtemps après mon arrivée en Californie. Même les enfants souffraient d'insomnie. Je m'éveillais en pleine nuit en sentant le canon d'un fusil de chasse sur mon front, tout froid et tout lisse. J'étais terrorisée. Je tremblais et je sanglotais. En désespoir de cause, je me mettais à genoux et récitais le Notre-Père et, même en pleine nuit, j'appelais ma marraine. Elle ne m'a jamais crié après ni ne m'a traitée comme une citoyenne de deuxième classe. De sa voix calme et détendue, elle me demandait : « Que se passe-t-il ? » et je lui ouvrais mon âme. À la fin de notre conversation, elle avait réussi à me faire rire aux éclats en me racontant un épisode de sa vie et j'avais oublié ce qui m'avait troublé. Avant de raccrocher, je lui disais : « Crois-tu que je vais pouvoir dormir, maintenant ? » Et elle me répondait : « Je vais prier pour toi. Les choses vont s'arranger. » Quel trésor ! Je l'ai crue et, quelque temps après, l'insomnie a commencé à disparaître.

Les marraines du programme m'ont appris la différence entre ce que je voulais et ce dont j'avais besoin. Ma liste de besoins ressemblait à ceci : 20 $ pour le salon de bronzage, 15 $ pour le Starbucks, 10 $ pour mettre de l'essence dans la voiture, 30 $ pour le cinéma, 20 $ pour emmener les enfants au McDo – tous des besoins essentiels. C'est donc par la souffrance et l'humiliation que j'ai appris à payer une part du loyer en donnant un peu d'argent à maman chaque mois et j'ai cessé d'aller au salon de bronzage après une réunion d'étude des Étapes où il était question des sept péchés capitaux. Une vieille membre m'a dit après la réunion : « Parlant de vanité – t'es-tu vu le bronzage ? » J'ai été blessée sur le coup, mais cela a marché ! Aujourd'hui, je m'étonne du peu de choses dont j'ai besoin pour être heureuse. Je crois que c'est la gratitude pour ce que j'ai que Dieu a mis dans mon cœur qui m'a changée.

Je parlais sans cesse de ce qu'« il » m'avait fait et de tout ce qu'« il » continuait de me faire comme ne pas payer de pension alimentaire pour les enfants et me crier après au téléphone. J'avais encore des choses à apprendre. Ma marraine m'a suggéré d'aller au tribunal pour obtenir ma pension alimentaire pour les enfants, un geste que je craignais beaucoup de poser. Je n'oublierai jamais l'impression que j'ai eue en ouvrant la boîte aux lettres pour y trouver un chèque. Un autre conseil que j'ai suivi fut d'écrire en gros sur le mur près du téléphone, assez gros pour que je le voie, « Ferme le téléphone ! » Quand il commençait à crier ou à me manipuler, j'ai appris à simplement raccrocher. Une autre réussite !

Je me souviens d'une réunion en particulier où, pleine d'apitoiement, je ne cessais de me plaindre de « lui » et une vieille membre me demanda : « Chère, c'est qui qui l'a choisi ? » C'en fut assez ! Je me suis dit, jamais plus je ne parlerai de lui ! J'ai donc appris à parler de ce que « je » faisais et mieux encore, de ce que je ne faisais plus.

Cela s'est produit au moment où je travaillais comme assistante médicale et ayant appris à mieux utiliser mon argent, je me suis trouvé un logement bien à moi. J'ai vraiment appris de cette expérience. En étant à la fois père et mère, on apprend rapidement ce qui est important. J'allais travailler, je voyais ma marraine aux réunions, et je faisais la lessive. J'étais vraiment heureuse de faire ce que Dieu voulait que je fasse.

J'avais fait une demande pour un financement du HUD (ministère de l'Habitation et du Développement urbain) des années auparavant et j'ai fini par être acceptée, mais l'édifice où nous habitions n'acceptait pas le financement du HUD. Je me suis donc mis à la recherche d'un édifice qui acceptait le financement gouvernemental pour découvrir que plusieurs propriétaires ne l'acceptent pas. Ma marraine avait toujours confiance, même si je n'en avais plus. Elle était certaine que je trouverais un endroit avant la date limite. Je l'entends encore me dire : « Parfois, Dieu attend à la dernière heure, même à la dernière minute, mais il répond toujours. » Je me suis nourrie de sa confiance, comme chaque fois que j'ai pensé que rien de marcherait pour moi.

La veille de l'expiration du terme du HUD, j'ai trouvé un condo à Brea. C'est le paradis pour moi. Quand je me plaignais de vivre chez ma mère, ma marraine me disait : « Améliore l'endroit tant que tu peux, embellis-le et dès que tu commenceras à le trouver beau, il sera temps de partir. » J'ai donc appris à créer un environnement confortable, sécuritaire et plein d'amour pour ma famille et moi.

Je suis retournée aux études pour tenter d'augmenter mes revenus. Je n'ai jamais cru que ce serait possible, mais ma marraine n'a pas cessé de m'encourager. Une fois de plus, je me suis nourrie de son espoir. La sécurité financière était un gros problème. Je ne sais pas comment nous faisons, mais nous nous en sortons toujours. Au cours du trimestre, j'ai été choisie pour recevoir une bourse d'études en journalisme. J'ai d'abord pensé : « Jamais je ne l'obtiendrai ». Ils ne me connaissent pas. Pourtant, cette semaine, mon professeur m'a appelée pour m'annoncer que j'avais été choisie pour recevoir la bourse et que le dîner pour l'annonce des boursiers avait lieu plus tard ce mois-ci. Une grande victoire que j'attribue au programme et, bien sûr, à mon Dieu.

Ma puissance supérieure me fait de beaux cadeaux et elle aime réunir bien des gens pour le faire. Avoir de l'espoir c'est suivre les suggestions de ma marraine, même quand cela me semble insensé.

J'apprends à faire confiance à Dieu et au programme des Alcooliques anonymes un peu plus chaque jour, un jour à la fois.

KARA P.
Brea, Californie

Il faut le donner pour le garder (Extrait)
Juin 2009

Je n'étais pas prêt à faire la Quatrième Étape, l'inventaire moral, et jamais de la vie je ne ferais la Cinquième. Jamais je ne révèlerais mes plus noirs secrets à quiconque. Je les emporterais dans ma tombe. Je ne pouvais imaginer que faire ces Étapes me ferait du bien. En ne progressant pas dans les Étapes, je suis resté à la porte des AA. J'avais toujours cru que les gens qui en faisaient partie me voyaient tel que j'étais, qu'ils pouvaient lire mes pensées sans que je parle. Cette impression est devenue de plus en plus inconfortable. J'ai cessé de prier, j'ai réduit le nombre de réunions auxquelles j'assistais jusqu'à ne plus y aller du tout. Rapidement, la folie a repris le dessus.

Je n'ai pas bu, mais j'étais de plus en plus déprimé et anxieux. Chaque mois, un ami de mon groupe d'attache me téléphonait. Nous étions rapidement devenus amis pendant le peu de temps que j'avais suivi le programme. Nous allions souvent à la pêche après le travail. C'était la personne la plus sereine que je connaissais.

Il me demandait : « Comment vas-tu ? » et je mentais en lui répondant : « Je vais bien. »

« J'appelais seulement pour savoir comment tu allais. » C'était tout. Cela a duré dix mois. Plus le temps passait, plus j'allais mal jusqu'à ce que je n'en puisse plus. Je souffrais enfin assez pour vouloir dire la vérité et demander de l'aide. Je n'allais pas bien. J'allais très mal. Ma vie tombait en ruines et je n'y pouvais rien. Il m'a écouté et il s'est soucié de mon bien-être.

Je serai éternellement reconnaissant à mon ami. Aujourd'hui, je suis convaincu qu'il m'a sauvé la vie en me tendant la main. Avec son aide, j'ai trouvé le courage (ou l'humilité) de retourner aux réunions.

Quand je suis revenu chez les AA, j'ai trouvé ce qu'il me fallait dans le groupe « John Wayne ». Nous l'appelions ainsi parce que nous ne nous tenions pas par la main pendant le Notre-Père. Nous restions simplement debout. Nous nous serrions la main, mais nous ne nous étreignions pas. Cela ne plaît pas à tout le monde, mais c'est ce qui me convenait.

Les membres étaient un groupe de vieux routiers et ils ne croyaient pas un mot de mes histoires. Dans cette réunion, un gars qui avait dix ans d'abstinence était encore considéré comme un nouveau. Je voulais me plaindre et me lamenter sur mon sort, mais ils ne me laissaient pas faire. « Ici, nous nous concentrons sur la solution, pas sur le problème », disaient-ils.

Après deux ans d'expérience stressante, j'ai fini par trouver le courage (ou la grâce) de demander à quelqu'un de me servir de parrain. C'était un des plus sévères. Je lui ai dit : « Tu me fais peur. Accepterais-tu de me parrainer ? » Il était sévère, mais il avait aussi une foi inébranlable en sa puissance supérieure. On voyait un éclair dans ses yeux. Quand il parlait de Dieu, il m'était plus facile d'y croire.

Il m'a convaincu que si je souhaitais demeurer abstinent et mener une vie productive, je devais faire toutes les Étapes, et non la « valse des trois étapes » (un, deux, trois, rechute).

Je cherchais quelqu'un pour faire ma Cinquième Étape. Je me suis alors souvenu de l'homme qui m'appelait régulièrement quand j'étais si malade, mais que je ne voulais pas l'admettre. Il avait été présent alors que personne d'autre ne l'avait été et il a dit qu'il serait honoré.

Il a fait de son mieux pour me mettre à l'aise et je lui ai parlé de moi. Il y avait pourtant une dernière chose que j'hésitais à lui révéler. C'était la pire chose que j'avais faite. On m'avait prévenu que nos secrets nous rendent malades et je voulais plus que tout au monde que ma vie s'améliore ; c'est donc pour cela que j'ai réussi à lui en parler. Il m'a dit : « Moi aussi, j'ai fait cela. » J'avais perdu beaucoup de temps à me blâmer et à m'anesthésier pour ne pas ressentir l'angoisse. Maintenant, je n'étais plus seul ! C'était comme si un poids de deux tonnes avait été enlevé de mes épaules.

Quand je suis rentré chez moi ce soir-là, je me sentais léger comme l'air. Et, pour la première fois de ma vie, je sentais que je faisais partie de la race humaine, non à part des autres. Ce fut la chose qui se rapprochait le plus de l'éclair de l'expérience spirituelle dont on parle dans le Gros Livre. Je ne me suis jamais senti aussi près de ma Puissance supérieure.

Depuis ce temps, j'ai terminé les Étapes et je suis abstinent depuis un bon nombre de 24 heures. Ma vie est meilleure que je ne l'aurais jamais cru. Je suis reconnaissant pour les conseils et l'amour que m'ont prodigués les membres des AA dès mon arrivée. J'essaie de faire de même avec les nouveaux.

Ces gars du groupe John Wayne l'ont dit clairement : « Tu dois le donner pour le garder ». Je fais donc un effort spécial pour rappeler au nouveau qu'il y a Douze Étapes et qu'il est important de les faire toutes. Bien sûr, certaines d'entre elles sembleront impossibles, comme la Cinquième le fut pour moi, mais la paix d'esprit qui nous attend après mérite bien tous ces efforts.

JOHN L.
Seabrook, Texas

UN CÂLIN DE GROUPE
Quand le parrainage devient un effort de groupe

J'ai deux mères poules qui s'occupent de moi comme si j'étais leur poussin, écrit l'auteure de « L'embuscade de la tarte aux fraises ». La première est sa marraine officielle, l'autre est « une femme qui est devenue abstinente avant ma naissance ». Elle écrit que ce « doublé » l'aide à « se sentir aimée, câlinée et vraiment acceptée. »

Dans « Conférence téléphonique à trois », les membres d'une « équipe de marrainage » s'aident mutuellement. « En ce moment, nous nous marrainons mutuellement, comme bien des membres de longue date », expliquent les auteures.

Dans ce cas, comme dans les autres systèmes de parrainage en équipe ou en groupe dont on parle dans ce chapitre, on pourrait dire que c'est le Mouvement des AA qui est le parrain. « J'ai demandé un correspondant AA. C'est un groupe entier qui correspond avec moi », dit l'auteur incarcéré de « L'effet d'un groupe ». Il écrit qu'il reçoit de la force et de l'espoir de ce parrainage d'un groupe. « Le message des AA voyage autant à l'intérieur qu'à l'extérieur de la prison. » Ces histoires démontrent comment des formes non-conventionnelles de parrainage peuvent convenir très bien à certains membres.

Conférence téléphonique à trois (Extrait de Dear Grapevine)
Août 2008

Nos « deuxièmes familles » sont formées de personnes que nous apprenons à très bien connaître dans le programme. Si vous parrainez quelqu'un, tôt ou tard, cette personne parrainera à son tour. Bientôt, vous en venez à parler de vos « grands filleuls » ou « petits bébés ». Nan a ajouté Judy à son « équipe de marrainage » vers la fin des années 1970 ; Sherrie a ajouté Nan vers le milieu des années 1990. En ce moment, nous nous marrainons mutuellement, comme bien des membres de longue date.

Comme nous avons déménagé de nos lieux originaux de résidence, au New Jersey, nous nous voyons rarement en personne, mais nous gardons contact. Il était donc logique d'organiser des réunions hebdomadaires par téléphone entre nous. Les conférences téléphoniques à trois sont un miracle moderne !

Le mardi matin, à 6 h 15 pile, la réunion débute. Une fois la communication établie, nous comptons « Une », « Deux », « Trois » pour nous assurer que les trois voix sont en ligne. Quelle heureuse façon d'entreprendre la journée ! Nous suivons un format très précis. Nous récitons d'abord la Prière de la Sérénité, et l'animatrice de la semaine expose un problème ou un sujet ou demande qui veut parler en premier. Nous « cédons la parole » quand nous avons terminé notre propos et « faisons un tour de table » en ordre alphabétique. Sauf quand nous ne le faisons pas ; quelqu'un peut toujours demander la parole. Comme lors de toute réunion, celle-ci est sérieuse et honnête, pleine de rires et parfois de frustration et de tristesse – comme toute vie abstinente.

Deux d'entre nous ont plus de soixante-dix ans. Si jamais nous sommes confinées à la maison, si Dieu le veut, nous aurons toujours notre réunion hebdomadaire. Elle se termine toujours à 7 h 15 avec la Prière de la Sérénité au « nous ».

JUDY K., NAN D., SHERRIE T.
Cushing, Maine ; Ocean Grove, New Jersey ; Port Murray, New Jersey

Parrainage temporaire (Extrait de Dear Grapevine)
Mars 2007

J'ai été « kidnappé » en décembre 1995. Après ma troisième réunion des AA, Henry R. a informé le groupe, et moi, qu'il serait mon parrain temporaire. Sans avertissement, je me suis retrouvé coincé sur le siège arrière d'une Lincoln en route pour manger une pizza.

J'écoutais rire Jack, Henry, Petey, Ruby et les autres qui se sont joints à nous à la pizzéria. Ils avaient l'air trop heureux. J'ai regardé s'ils portaient des ceintures et des lacets à leurs souliers – je venais de sortir de l'asile et je savais que seuls les non-résidents de l'asile portaient des ceintures et des lacets. Ces hommes avaient les deux et leur vie me plaisait.

Je m'inquiétais de devoir payer mon seul repas de cette journée. À mon grand soulagement et à celui de mon portemonnaie vide, c'est Henry qui a payé. Il a dit que cela lui faisait plaisir.

Je serais peut-être devenu abstinent sans parrain temporaire – je ne veux pas penser à ce qui serait arrivé autrement. Il peut y avoir des gens qui croient que les parrains temporaires ne sont pas importants, mais je n'aurais peut-être pas survécu sans leur aide.

R.W.G.

L'effet d'un groupe (Extrait de Dear Grapevine)
Mai 2009

Dès ma première réunion ici en prison, je me suis senti chez moi. Quelques semaines plus tard, j'ai demandé à l'un de nos membres des AA de l'extérieur de devenir mon parrain et de m'aider à entreprendre ma Quatrième Étape. C'était il y a dix-huit mois et je vais beaucoup mieux. Mais, là n'est pas le but de ma lettre.

Je voulais dire à tout le monde l'effet qu'un groupe des AA à plus de 300 kilomètres d'ici a sur mon rétablissement. Par l'entremise du Comité correctionnel de la Région 25, j'ai demandé un correspondant AA et c'est un groupe entier qui correspond avec moi. Ils font circuler un calepin pendant les réunions et ceux qui le désirent y consignent leurs pensées. Cela représente une autre réunion par écrit pour moi, dans un endroit où les réunions sont trop rares.

J'encouragerais chaque Comité correctionnel à envisager de soumettre cette idée aux groupes des AA. Cela réduit la charge de correspondance à un niveau gérable et le message des AA voyage autant à l'intérieur qu'à l'extérieur de la prison.

Merci mille fois au Grapevine. L'investissement que j'ai fait en m'y abonnant me verse des dividendes chaque jour dans mon rétablissement. La paie d'un mois en prison pour une année de réunions par écrit, quelle aubaine !

TIM L.
Ellsworth, Kansas

L'arbre du parrainage (Extrait de Time for One More)
Novembre 2004

Aujourd'hui, j'ai assisté à une fête en l'honneur de Bobba, mon arrière-arrière-arrière-arrière marraine (A4, en résumé), avec toutes les personnes qu'elle avait marrainées et toutes les personnes que ses filleules avaient marrainées. Dans le portique de sa maison, il y avait une grande silhouette d'un arbre, et le nom de Bobba sur le tronc. Il y avait trois branches qui partaient du tronc pour représenter les personnes que Bobba avait marrainées. De ces branches sortaient une multitude de plus petites branches et de brindilles. À leur arrivée, chacun des invités écrivait son nom et sa date d'abstinence sur une feuille verte en forme de feuille. À la fin, il y avait plus de soixante-dix feuilles sur l'arbre. Tout cela parce qu'une personne l'avait transmis à une autre.

ANDY T.

L'embuscade de la tarte aux fraises

Mai 2010

Abstinente depuis moins de deux ans, j'ai deux mères poules qui s'occupent de moi comme si j'étais leur poussin. La première est ma marraine officielle, l'autre est une femme qui est devenue abstinente avant ma naissance.

Hier soir, elles m'avaient invitée à manger de la tarte aux fraises. J'ai rapidement compris que cette invitation n'avait rien à voir avec la tarte aux fraises. Elles ont parlé de leur expérience avec l'alcool, combien celui-ci était puissant, déroutant, sournois si on ne s'en méfiait pas.

L'une d'elles a raconté qu'alors qu'elle était abstinente depuis 14 mois, elle était allée au magasin pour acheter du pain et des céréales. Elle a plutôt acheté six canettes de bière et les a bues avant de se rendre compte de ce qu'elle faisait. Elle a téléphoné à son mari pour lui raconter ce qu'elle avait fait. Elle lui a demandé : « Vas-tu me quitter pour ça ? » Il a répondu : « Cela dépend de ce que tu feras à compter d'aujourd'hui. » Elle a par la suite suivi une cure de désintoxication et elle est abstinente chez les Alcooliques anonymes depuis ce temps.

Elles m'ont aussi dit qu'il arrive des moments où les gens se pensent guéris et mettent de côté leur Puissance supérieure. Ils assistent à moins de réunions, et, en moins de deux, ils boivent de nouveau.

J'avais de la difficulté à imaginer cela, car chaque fois que je vois une bouteille d'alcool ou que je passe devant un magasin d'alcool, je pense encore au temps où je buvais et à mon abstinence. On m'a dit que cela arrivait vraiment. On m'a cité de nombreux exemples de personnes à qui c'était arrivé et qui n'étaient jamais revenues chez les AA.

Elles voulaient me faire comprendre qu'il était important d'assister régulièrement aux réunions pour se protéger contre cela.

C'est à moi qu'elles parlaient, car mes deux mères poules voyaient bien que j'avais de la difficulté et que ne fréquentais plus les réunions aussi souvent qu'avant. À mon départ, mère poule numéro un m'a dit : « Je suis fière de toi et j'espère avoir de tes nouvelles chaque matin ». Mère poule numéro deux a ajouté : « Je crois que tu as besoin de trois réunions par semaine. Appelle-moi quand tu sortiras d'une réunion. »

Aujourd'hui, je me suis levée très tôt et j'ai assisté à deux réunions. En entrant dans mon groupe d'attache, il y avait une femme qui revenait après une rechute. Toute la salle parlait de cela, du fait qu'il s'agissait d'une police d'assurance, et de la manière d'éviter que cela se produise. Cette femme était accompagnée de sa mère poule qui l'encourageait. Les gens racontaient comment ils avaient passé de durs moments sans se sentir obligés de boire parce qu'ils avaient donné préséance à leur abstinence. Ces personnes s'étonnaient d'avoir pu surmonter ces difficultés sans boire. Elles étaient reconnaissantes de pouvoir compter sur l'aide du groupe en entier.

Que vint mon tour de parler, j'ai raconté mon expérience de la veille que j'ai appelée « L'embuscade de la tarte aux fraises ». Je leur ai dit que, comme toujours, Dieu me parle par l'entremise des autres et qu'il insistait en me donnant ce message deux fois. Je leur ai aussi dit que le fait qu'il y ait dans ma vie des gens qui m'aiment assez pour me ramener sur le droit chemin avant que je ne fasse une rechute me donnait l'impression que j'étais aimée et qu'on se souciait de moi ; j'avais vraiment l'impression d'être à la bonne place.

Après la réunion, j'ai immédiatement appelé mère poule numéro un et mère poule numéro deux. Mère poule numéro deux m'a demandé quel avait été le sujet de la réunion. Je le lui ai raconté et elle a ri en disant : « Dieu nous parle et nous dit ce que nous avons besoin d'entendre ! » Je lui ai demandé qu'elle impression cela lui faisait de toujours avoir raison et dans son accent du Sud, elle m'a répondu : « Bien, je n'en sais rien. J'ai eu raison toute ma vie ! » Cela fut suivi d'un autre éclat de rire.

J'ai assisté à la réunion en soirée et j'y ai revu des personnes qui avaient assisté à celle du matin. Ils ont ri de moi parce que j'en étais à ma deuxième réunion de la journée et comment on « m'avait fait la leçon. » J'ai ri et une de ces personnes a dit en parlant de mon « embuscade à la tarte aux fraises », « J'imagine que la tarte était bonne. » Je lui ai répondu : « Oui, la tarte était bonne, mais ce qui venait avec était bien meilleur ! »

MARY S.
Overland Park, Kansas

Trois ans et ce n'est pas fini (Extrait de Dear Grapevine)
Février 2009

Voici un exemple classique d'alcooliques aidant d'autres alcooliques. Le 9 octobre 2008, j'ai célébré mes trois ans d'abstinence. Mon parrain m'a remis un jeton de trois ans; ce jeton avait déjà été remis vingt-six fois, la première fois à New York. Les seize premiers alcooliques en rétablissement venaient de la région de New York, où ils l'avaient reçu pour leur troisième anniversaire d'abstinence. Nous suivons ce jeton à la trace à mesure qu'il passe d'un membre des AA à un autre. La chaîne se poursuit : #17 Geraldo ; #18 George ; #19 Mike ; #20 Jimmy ; #21 John ; #22 George K. ; #23 Ross H. ; #24 Brian C. ; #25 Matthew Mc et #26 Steve C. Nous sommes l'exemple parfait de l'unité entre amis chez les AA qui ont en commun la maladie de l'alcoolisme et mettent le programme en pratique un jour à la fois.

STEVE C.
Saint John, Indiana

Parrains temporaires
Septembre 1982

Pendant une réunion de notre conscience de groupe, nous parlions de plusieurs sujets, mais nous semblions toujours revenir aux deux mêmes problèmes pressants qui affectaient mon groupe d'attache depuis quelque temps. Le premier était d'encourager les nouveaux à revenir. Nous avions beaucoup de nouveaux visages à nos réunions, mais, malgré nos efforts, ils n'accrochaient pas au programme. Typiquement, ils assistaient à trois ou quatre réunions de suite, puis deux par mois, avant de disparaître. Notre inquiétude aurait été moindre s'ils avaient préféré d'autres réunions à la nôtre, mais nos suivis informels nous apprenaient que plusieurs de ceux qui avaient le plus besoin d'aide quittaient les AA.

À ce moment, un des membres du groupe posa une question très pertinente concernant le cœur de notre dilemme : « Combien de ces nouveaux avaient un parrain? » Je n'ai jamais vu un si grand nombre d'alcooliques rougir que ce soir-là. Personne de ceux qui nous avaient quittés n'avait trouvé de parrain, ce qui nous a permis de nous concentrer sur notre deuxième problème.

Il s'est avéré que, dans notre groupe, le parrainage était confié à une poignée de vieux membres qui avaient connu le succès dans le programme. Comme ils étaient les seuls à s'occuper de cela, ils avaient tellement de filleuls qu'ils ne pouvaient, honnêtement, en prendre plus. D'autres, même s'ils réussissaient dans le programme, hésitaient à prendre la responsabilité additionnelle d'un parrainage à temps plein si tôt dans leur rétablissement. Dans son ensemble, le groupe faisait le mieux possible dans les circonstances, mais il ne pouvait certes pas remplacer « une personne qui comprend bien et qui s'intéresse ». Nous nous souvenions tous, trop bien, de ce que nous éprouvions pendant ces premières réunions avant d'entreprendre les Étapes quand John Barleycord avait détruit notre estime de soi. Voilà pourquoi nos nouveaux ne restaient pas chez nous!

La question devenait donc : Que devions-nous faire pour corriger la situation. Notre Puissance supérieure a dû inspirer deux autres vieux membres, car ils ont immédiatement trouvé la solution : le parrainage temporaire. L'idée était que chaque nouveau qui se présentait à nos réunions se verrait attribuer un parrain temporaire pour ses 60 premiers jours chez les AA. L'affectation suivrait l'ordre chronologique d'une liste de bénévoles dressée lors de nos réunions de conscience de groupe. Rien n'empêchait le nouveau de se choisir un nouveau parrain avant la fin de la période de soixante jours ni de poursuivre sur une base plus ou moins permanente avec le parrain qui leur avait été assigné après cette période initiale – tant que les deux parties étaient d'accord.

Quand nous l'avons utilisé de cette façon, le parrainage temporaire a connu beaucoup de succès dans notre groupe, tout comme il pourrait bien fonctionner dans votre propre groupe si vous avez un problème avec les nouveaux qui ne reviennent pas. Si vous voulez aborder la question lors d'une réunion de votre conscience de groupe, vous pouvez toujours citer les avantages que nous avons découverts chez nous. Premièrement, et évidemment, le nouveau peut profiter d'un parrain dont il a bien besoin dès son premier jour – habituellement, une personne qui est nouvellement abstinente et qui comprend les problèmes des nouveaux. Deuxièmement, cela souligne, par une action concrète du groupe, l'importance du parrainage dans la poursuite de l'abstinence. Troisièmement, cela procure, pour une période limitée, une bonne occasion à ceux qui le désirent de tenter leur chance dans le parrainage, même s'ils hésitent à prendre un engagement indéfini à faire quelque chose qu'ils n'ont jamais tenté auparavant. En quatrième lieu, cela soulage le fardeau des plus vieux membres, tout en leur donnant l'occasion de partager leur expérience du parrainage en devenant des conseillers pour les nouveaux parrains.

À mon avis, le plus grand et le plus permanent des avantages du parrainage temporaire est qu'il permet à plusieurs d'entre nous d'oublier nos propres problèmes en offrant de l'aide à d'autres. De plus, cela nous permet de le faire beaucoup plus tôt dans notre rétablissement que nous avions cru. Une telle occasion ne peut qu'accélérer notre propre croissance.

W.H.
Edwardsville, Illinois

LES DOUZE ÉTAPES

1. Nous avons admis que nous étions impuissants devant l'alcool – que nous avions perdu la maîtrise de notre vie.

2. Nous en sommes venus à croire qu'une Puissance supérieure à nous-mêmes pouvait nous rendre la raison.

3. Nous avons décidé de confier notre volonté et notre vie aux soins de Dieu *tel que nous Le concevions.*

4. Nous avons procédé sans crainte à un inventaire moral approfondi de nous-mêmes.

5. Nous avons avoué à Dieu, à nous-mêmes et à un autre être humain la nature exacte de nos torts.

6. Nous étions tout à fait prêts à ce que Dieu élimine tous ces défauts.

7. Nous Lui avons humblement demandé de faire disparaître nos défauts.

8. Nous avons dressé une liste de toutes les personnes que nous avons lésées et nous avons consenti à réparer nos torts envers chacune d'elles.

9. Nous avons réparé nos torts directement envers ces personnes dans la mesure du possible, sauf lorsqu'en ce faisant, nous risquions de leur nuire ou de nuire à d'autres.

10. Nous avons poursuivi notre inventaire personnel et promptement admis nos torts dès que nous nous en sommes aperçus.

11. Nous avons cherché par la prière et la méditation à améliorer notre contact conscient avec Dieu, *tel que nous Le concevions,* Lui demandant seulement de connaître Sa volonté à notre égard et de nous donner la force de l'exécuter.

12. Ayant connu un réveil spirituel comme résultat de ces étapes, nous avons alors essayé de transmettre ce message à d'autres alcooliques et de mettre en pratique ces principes dans tous les domaines de notre vie.

LES DOUZE TRADITIONS

1. Notre bien-être commun devrait venir en premier lieu ; le rétablissement personnel dépend de l'unité des AA.

2. Dans la poursuite de notre objectif commun, il n'existe qu'une seule autorité ultime : un Dieu d'amour tel qu'il peut se manifester dans notre conscience de groupe. Nos chefs ne sont que des serviteurs de confiance, ils ne gouvernent pas.

3. Le désir d'arrêter de boire est la seule condition pour être membre des AA

4. Chaque groupe devrait être autonome, sauf sur les points qui touchent d'autres groupes ou l'ensemble du Mouvement.

5. Chaque groupe n'a qu'un objectif primordial, transmettre son message à l'alcoolique qui souffre encore.

6. Un groupe ne devrait jamais endosser ou financer d'autres organismes, qu'ils soient apparentés ou étrangers aux AA, ni leur prêter le nom des Alcooliques anonymes, de peur que les soucis d'argent, de propriété ou de prestige ne nous distraient de notre objectif premier.

7. Tous les groupes devraient subvenir entièrement à leurs besoins et refuser les contributions de l'extérieur.

8. Le mouvement des Alcooliques anonymes devrait toujours demeurer non professionnel, mais nos centres de service peuvent engager des employés qualifiés.

9. Comme mouvement, les Alcooliques anonymes ne devraient jamais avoir de structure formelle, mais nous pouvons constituer des conseils ou des comités de service directement responsables envers ceux qu'ils servent.

10. Le mouvement des Alcooliques anonymes n'exprime aucune opinion sur des sujets étrangers ; le nom des AA ne devrait donc jamais être mêlé à des controverses publiques.

11. La politique de nos relations publiques est basée sur l'attrait plutôt que sur la réclame ; nous devons toujours garder l'anonymat personnel dans la presse écrite et parlée de même qu'au cinéma.

12. L'anonymat est la base spirituelle de toutes nos traditions et nous rappelle sans cesse de placer les principes au-dessus des personnalités.

Les Alcooliques anonymes

Le programme de rétablissement des AA est pleinement exposé dans leur livre de base, *Les Alcooliques anonymes* (communément appelé Le Gros Livre), présentement à sa quatrième édition, et dans *Les Douze Étapes et les Douze Traditions, Vivre sans alcool...,* et autres livres. On trouvera aussi des informations sur les AA sur le site Web des AA au www.aa.org ou en écrivant à

Alcoholics Anonymous
Box 459
Grand Central Station
New York, NY 10163

Vous trouverez des informations sur les ressources locales dans votre annuaire téléphonique sous la rubrique « Alcooliques anonymes ». Vous pourrez aussi vous procurer quatre brochures « Voici les AA », « Les AA sont-ils pour vous ? », « Foire aux questions sur les AA », et « Un nouveau veut savoir », offerts chez les AA

Le AA Grapevine

Le A.A. Grapevine est le magazine mensuel international des AA, publié sans interruption depuis son premier numéro en juin 1944. La brochure des AA sur le A.A. Grapevine décrit sa portée et sa raison d'être comme suit :
« Partie intégrante des Alcooliques anonymes depuis plus de soixante ans, le Grapevine publie des articles qui reflètent la grande diversité d'expérience et d'idées qu'on retrouve dans le mouvement des AA. Ses pages ne sont dominées par aucun point de vue ou philosophie particuliers, et, dans le choix du contenu, le personnel de la rédaction se soumet aux principes énoncés dans les Douze Traditions. »

En plus des magazines, AA Grapevine, Inc., publie aussi des livres, des livres numériques, des livres audio et autres articles. Il offre aussi un abonnement au Grapevine Online, qui comprend : cinq nouveaux articles par semaine, l'AudioGrapevine (la version audio du magazine), Grapevine Story Archives (la collection complète des articles parus dans le Grapevine), ainsi que la plus récente édition du Grapevine et de La Viña en format HTML. Pour plus d'informations sur AA Grapevine, ou pour un abonnement à ce qui précède, rendez-vous sur le site Web du magazine, www.aagrapevine.org ou écrivez à :

AA Grapevine, Inc.
475 Riverside Drive
New York, NY 10115